Karim El-Gawhary

Repression und Rebellion

Karim El-Gawhary

Repression und Rebellion

Arabische Revolution – was nun?

K&S

www.kremayr-scheriau.at

ISBN 978-3-218-01232-4

Schutzumschlaggestaltung: Christine Fischer
Fotos auf dem Schutzumschlag: AP Photo/Hussein Malla (vorne),
Akram Al yasiri (hinten)
Satz und typografische Gestaltung: Danica Schlosser, danicagrafik.de
Druck und Bindung: FINIDR, s.r.o. – Český Těšín, Tschechien

Inhalt

Einleitung

Vom Unsinn, die arabische Welt in Jahreszeiten oder mit Koran-Zitaten erklären zu wollen

Sie fuhren in einem Zug von der ägyptischen Hafenstadt Alexandria durch das Nildelta, Muhammad Eid und Ahmad Samir, zwei junge Straßenverkäufer. Muhammad bot normalerweise selbst gemachte kleine Malereien auf Holz oder Leder in Alexandria feil. Aber an diesem Tag hatte der Regen all seine Objekte zerstört. Er hatte keine Einnahmen. Als die beiden auf dem Weg nach Hause vom Schaffner im Zug kontrolliert wurden, konnten sie keine Fahrkarten vorweisen. Der Schaffner gab ihnen drei Optionen: Sie bezahlen das Ticket, er übergibt sie der Polizei oder sie springen aus dem fahrenden Zug. Da sie nicht genug Geld hatten und Angst, der Willkür der Polizei ausgeliefert zu werden, wählten sie die dritte Option und sprangen. Muhammad starb, als er neben den Gleisen aufschlug, Ahmad verlor ein Bein. Das Ticket hätte umgerechnet vier Euro gekostet.

Es ist eine Begebenheit, die symptomatisch dafür ist, wo die arabische Welt zehn Jahre nach dem sogenannten Arabischen Frühling steht. Wirtschaftliche und soziale Fragen bleiben völlig ungelöst, vielerorts ist es nur ein brutaler Repressionsapparat, der für Ruhe sorgt. Und nun setzt sich auf das Ganze noch die Krise der Corona-Pandemie, deren wirtschaftliche und soziale Auswirkungen alle Widersprüche noch verschärfen werden.

Es ist ein scheinbar düsteres Fazit, das ein Jahrzehnt nach dem Aufstand gegen die arabischen Diktatoren gezogen werden muss. Ägypten wird vom Militär regiert, in Syrien hat der Diktator gewonnen, regiert aber über einen Scherbenhaufen. Libyen versinkt im Chaos der Milizen und in einem blutigen Stellvertreterkrieg, genauso wie der Jemen. Und die ölreichen Golfstaaten werden autokratisch regiert wie eh und je.

Manche proklamieren da fast hämisch, dass nach dem Arabischen Frühling in der Region der politische Winter eingezogen sei. Aber kann man politische Prozesse tatsächlich als Jahreszeiten erklären?

Dieses Buch beschreibt die letzten zehn Jahre eines langfristigen Prozesses. Es schildert, wie das Rad von den alten Systemen zum Teil wieder zurückgedreht wurde. Wie militante islamistische Bewegungen wie der sogenannte „Islamische Staat", der IS, das entstandene Vakuum zu füllen suchten. Wie die Autokraten gemeinsam danach trachten, jede auch noch so kleine Bewegung hin zu Veränderung in der Region zu blockieren und eine regionale Ordnung zu schaffen, die der ägyptische Politologe Amr Hamzawy einmal als „Pax Autocratica" bezeichnet hat. Doch dies ist keine detaillierte Chronik der arabischen Welt der letzten zehn Jahre. Vieles wird nur gestreift, etwa der Bürgerkrieg in Syrien, manches wird ausgelassen, wie der palästinensisch-israelische Konflikt, der eine ganz eigene Erzählung braucht.

Das Buch fasst uns an der eigenen Nase und beschreibt, warum die Politik Europas in der Region mit dem Hashtag *#fail* charakterisiert werden kann. Die Lektion, dass arabische Autokraten keine Stabilität bringen und nicht die Lösung, sondern ein großer Teil des Problems sind, wurde in Europa immer noch nicht gelernt. Die europäischen Regierungen hofieren sie immer noch als Antiterrorkämpfer und als jene, die die Flüchtlingsströme aufhalten sollen. Derweil sind gerade sie es, die Terror und Flüchtlinge produzieren.

Aber die Pax Autocratica bekommt zunehmend Gegenwind. Gerade in den letzten Jahren formiert sich Widerstand, eine Art Arabellion 2.0. In Algerien und im Sudan haben sie es geschafft, ihre Langzeitautokraten loszuwerden. Nun kämpfen sie nach deren Sturz darum, auch das System Abdelaziz Bouteflika und Omar Al-Baschir umzukrempeln. Es ist ein ermüdender Kampf bergauf. Genauso wie der im Libanon und im Irak, wo die Menschen eines politischen Systems überdrüssig geworden sind, das die Religionszugehörigkeit in den Mittelpunkt der Politik stellt und sie gegeneinander aufhetzt. Hier findet ein grundsätzlicher Wandel statt: Die soziale Identität und nicht die religiöse Identität rückt ins Zentrum. Der junge arbeitslose Schiite hat entdeckt, dass ihn viel weniger von seinem jungen sunnitischen Gefährten unterscheidet, der das gleiche Schicksal teilt, als von seiner eigenen politischen Elite, die sich durch Korruption und Misswirtschaft schamlos bereichert.

Die Art des Regierens, die Misswirtschaft und die Korruption werden in vielen Teilen der arabischen Welt inzwischen infrage gestellt. Repression funktioniert, das haben die Jahre nach der Arabellion bewiesen. Aber sie hat offensichtlich auch ein Ablaufdatum, wenn die drängendsten Probleme der Menschen, vor allem der jüngeren Generation, nicht gelöst werden. Deren völlige Perspektivlosigkeit bedeutet, dass viele von ihnen in den festgefahrenen Strukturen kaum ihren Lebensunterhalt sichern, geschweige denn ihren Träumen nachgehen können.

Woher kommt die Unruhe in der arabischen Welt? Hat sie ihre Wurzeln in den sozialen und wirtschaftlichen Bedingungen, in denen die Mehrheit der Araber und Araberinnen lebt, oder in der Art und Weise, wie sie regiert werden und kein Mitspracherecht haben? Oder ist die Religion, der Islam, an allem schuld? Letztere Antwort ist in Mode gekommen und hat eine ganze Reihe deutschsprachiger Bestseller hervorgebracht, die die arabische Welt und deren Misere mit Koran-Zitaten zu erklären suchen. Dieses Buch soll ein Gegengewicht dazu bieten. Statt des Koran wird hier das unselige arabische Dreigespann Armut, Ungleichheit und Machtlosigkeit analysiert, das Menschen zu stillschweigenden Besiegten, brutalen Terroristen oder verzweifelten Flüchtlingen macht, oder sie, wie in letzter Zeit wieder vermehrt, voller Wut und Leidenschaft mutig auf die Barrikaden steigen lässt.

Warum dieses Buch? In meiner Arbeit als Korrespondent für den arabischen Raum versuche ich zu verstehen, was um mich herum geschieht, in Kairo oder bei meinen Reisen in die Region, in den Irak, den Libanon oder nach Saudi-Arabien. Vieles von dem, was ich sehe, ist frustrierend, einiges traurig, anderes macht mich wütend, aber manches ist auch sehr ermutigend. Es ist ein Prozess, in dem sich Repression und Rebellion abwechseln und gegenseitig bedingen, in dem das Alte nicht mehr nachhaltig ist, das Neue sich aber noch nicht oder nur sehr schwer durchsetzen kann. Aber am Ende wird eine andere arabische Welt stehen. Der Weg dorthin ist blutig, chaotisch, verlustreich, aber auch kreativ und aufmüpfig, und er ist mit vielen Hoffnungen und Enttäuschungen gepflastert. Dieses Buch ist der Versuch, das große Ganze dieses Wandels zu erfassen.

Doch manchmal sind es auch kleine Geschichten, die einen die Zusammenhänge besser verstehen lassen. Viele habe ich hautnah miterlebt. Deshalb beschreibe ich diesen Prozess mal aus dem analytischen Weitwinkel, mal anhand von Reportagen, die in die Lebenswelt der Menschen hineinzoomen. Etwa, wenn ein Straßenkehrer in Kairo ein Jahr nach dem Aufstand gegen Mubarak seine Hoffnungen beschreibt, oder wenn ich eine Visite in einem Waisenhaus in Bagdad schildere, in dem Kinder von gefallenen IS-Eltern spielen, deren kleine Seelen nach Heilung schreien – vielleicht die wichtigste Front des Antiterrorkampfes. Auch die jungen Demonstranten in Bagdad haben einen tiefen Eindruck bei mir hinterlassen, wie sie nach jedem Angriff der Sicherheitskräfte immer wieder ihre Protestlager aufbauen, jeden Tag neue Tote beerdigen und trotzdem weitermachen.

Wegen der Corona-Krise mussten sie ihre Proteste dann doch vorerst abbrechen und ich mit meinem Buchmanuskript innehalten. Die ersten Kapitel waren geschrieben, da geschah etwas fundamental Einschneidendes: Ein unsichtbares Virus veränderte nicht nur die arabische, sondern die ganze Welt. Wir stecken mittendrin in dieser Krise, von der niemand genau zu sagen vermag, wie lange sie dauern wird und wie groß die Auswirkungen am Ende sein werden. Es ist schwer, da einen Ausblick zu geben, wohin sich die arabische Welt entwickeln wird. Im letzten Kapitel versuche ich es trotzdem. Denn eines ist für mich so sicher wie das Amen in der Kirche oder der fünfmal tägliche Gebetsruf von den Minaretten: Alle Ursachen, die in diesem Buch beschrieben werden, die die Menschen vor der Pandemie auf die Straße getrieben haben, werden mit ihr nur verschärft. Sie wird vielen Arabern und Araberinnen endgültig die Luft zum Atmen nehmen, nicht nur als Krankheit, sondern noch mehr wegen der wirtschaftlichen und sozialen Auswirkungen. George Floyds Hilferuf „I can't breathe" ist eine tägliche arabische Erfahrung der Repression, aber auch der sozialen Machtlosigkeit. Die große Explosion im Hafen von Beirut, wenige Tage bevor dieses Buch in den Druck geht, ist hier vielleicht ein Kulminationspunkt. Die staatliche Fahrlässigkeit und die Inkompetenz hinterlassen die Libanesen fassungslos. Es ist ein Sinnbild für die Krise der gesamten Region.

Im Januar 2016 besuchte ich die entlegene Stadt Sidi Bouzid im Südwesten Tunesiens, dort, wo sich etwas mehr als fünf Jahre zuvor der Straßenhändler Muhammad Bouazizi selbst angezündet hatte. Seine Verzweiflungstat war der traurige Flügelschlag eines Schmetterlings, der den Orkan der ersten Arabellion auslösen sollte. Am Rand des Ortes lag neben einer Reihe von Olivenbäumen der Friedhof, auf dem Muhammad Bouazizi begraben liegt. Über die südtunesische Steppenlandschaft wehte ein kalter Wind. Es ist ein schmuckloser muslimischer Friedhof, ebenso schmucklos wie der in den Boden eingelassene Grabstein, auf dem sein Name steht und der sich durch nichts von den benachbarten Gräbern unterscheidet. Sein Tod aus Verzweiflung war der Beginn der Hoffnung für Millionen Araber auf ein besseres Leben, dachte ich mir, als ich mich für ein paar Minuten neben sein Grab auf den Boden setzte.

Zwischen einer alten und einer neuen Ordnung in der arabischen Welt findet ein andauernder Kampf statt, ein Kampf um die Rolle der Religion in der Politik, ein Kampf für mehr soziale Gerechtigkeit, ein Kampf, Millionen Menschen aus ihrer Armut zu holen. Muhammad Bouazizis Tod hat einen Prozess ausgelöst, dessen letztes Kapitel auch zehn Jahre nach seinem Tod noch lange nicht geschrieben ist. Nein, die arabische Welt ist nicht im Winter eingefroren, sie ist mitten in einem spannenden Prozess des Wandels, und der ist nicht geradlinig. Europa nimmt die arabische Welt oft nur in kurzen, 1:30 Minuten langen Fernsehzuschaltungen wahr, in denen eine Akut-Situation beschrieben wird, in der gerade die Hütte brennt. Dieses Buch ist das Gegenteil. Es springt nicht von Ereignis zu Ereignis, es ist langsam, beschreibt Prozesse. Es schaut von oben, und es fährt mitten hinein.

Die Realität des Nahen Ostens ist kompliziert, aber nicht so kompliziert, dass man sie nicht verstehen kann. „Al-Sabr Gamil", zu Deutsch „Geduld ist schön", lautet ein arabisches Sprichwort. Das ist vielleicht das beste Motto für die Leserinnen und Leser dieses Buches. Denn wer dieses Buch in die Hand nimmt, braucht ein wenig von dieser schönen Geduld. Es ist ein bisschen wie im Orient-Express von Agatha Christie mit Inspektor Poirot auf der Suche nach dem Mörder. Am Ende werden sich die Indizien, Spuren und Fäden zu einem klaren Bild und einem nahöstlichen Aha-Erlebnis zusammenfügen.

Aber für die geduldigen Menschen der Region gilt noch etwas anderes. „Jede Geduld hat ihre Grenzen", lautet der Titel eines Liedes der verstorbenen ägyptischen Sängerin und Diva Umm Kulthum, das jede Araberin und jeder Araber kennt. Uns stehen stürmische Zeiten in der arabischen Nachbarschaft bevor. Ich hoffe, dass dieses Buch es schafft, den Kontext für die Leserinnen und Leser so herzustellen, dass sie die Dinge einordnen können, die in der Nahost-Region auf uns zukommen werden. Wenn dann dem Korrespondenten in Kairo demnächst bei einer Live-Schaltung nach 1:30 Minuten wieder einmal ins Ohr geflüstert wird, dass er zum Schluss kommen muss, und er entspannt seinen letzten Satz in die Kamera sprechen kann, weil er weiß, dass die Zuschauer auch den ungesagten Rest der Geschichte kennen – dann hat dieses Buch seinen Zweck erfüllt.

Kairo, am 7. August 2020

Ägypten zurück, Tunesien nach vorn

Am 11.2.2011 stand ich nach 18 Tagen Aufstand mit Tausenden Demonstranten auf dem Tahrir-Platz in Kairo. Der Diktator Hosni Mubarak hatte gerade abgedankt. Überall wurde gefeiert, gesungen und getanzt. In meinem Kopf musste sich die Nachricht aber erst noch langsam setzen. Der Mann, der Ägypten schon regierte, als in Österreich noch Bruno Kreisky und in Deutschland Helmut Schmidt im Amt waren, er war Geschichte. Es waren Tage der Zuversicht. Wir alle standen euphorisch auf dem Tahrir und dachten, die Zukunft Ägyptens und der gesamten arabischen Welt werde nun friedlich und demokratisch ausgehandelt.

Die Wirklichkeit erwies sich als viel komplizierter und meist enttäuschender. Auch im benachbarten Libyen hatten sie den Diktator, Muammar Al-Gaddafi, bald gestürzt. Doch das Land brach in einem Krieg der Milizen auseinander, in dem es viele Jahre lang keine Sieger, dafür ein ganzes Land als Verlierer geben sollte. In Syrien hatte Baschar Al-Assad von den Umstürzen bei seinen Diktatoren-Kollegen gelernt, nicht lange zu zögern, sondern sofort auf die Demonstranten schießen zu lassen. Das Land versank in einen Bürgerkrieg, der als abschreckendes Beispiel dafür diente, wie gefährlich der Versuch sein kann, mit den alten Strukturen zu brechen. Und dann waren da noch die Golfstaaten. An ihnen ging der Kelch des arabischen Wandels zunächst vollkommen vorüber, weil sie alle Widersprüche mit Petrodollars zukleistern konnten. Die Hoffnungen auf friedlich und demokratisch ausgehandelte Veränderungen lasteten ausschließlich auf Ägypten und Tunesien.

In beiden Ländern brach ein Wettstreit zwischen zwei grundsätzlich unterschiedlichen politischen Konzepten aus: dem politisch-islamistischen Trend auf der einen und den Liberalen und Säkularen auf der anderen Seite. Aber dann nahmen die Entwicklungen in diesen beiden Ländern einen sehr unterschiedlichen Verlauf.

In Ägypten ergriff das Militär die Gelegenheit, trat in einem politisch völlig polarisierten Land als Retter der Nation auf, riss die Macht an sich und schloss zunächst die Islamisten aus dem politischen System aus, um bald danach jeglichen Dissens zu kriminalisieren. Tunesien war zwar ebenso polarisiert wie Ägypten, schlug aber einen, auch nicht einfachen, demokratischen Weg ein, um die Widersprüche zu überwinden.

Ägypten: Muslimbrüder versus Militär

Während des Aufstandes gegen den Langzeitdiktator Hosni Mubarak im Januar 2011 machte am Kairoer Tahrir-Platz ein Witz die Runde. „Jemand hat Mubarak erzählt, dass sich die Menschen von ihm verabschieden wollen. Und Mubarak fragt: Ja, wo gehen sie denn hin?“ Doch es war Ägyptens Präsident Mubarak, der wenige Wochen später ging. Das Volk blieb, zunächst voller Hoffnungen.

Da war beispielsweise Adham. In seiner Leidenschaft, die Straßen zu fegen, erinnerte er ein wenig an Beppo Straßenkehrer aus dem Kinderbuch „Momo“. Auch wenn es nicht leicht war, den Müll zwischen den in zwei Reihen parkenden Autos hervorzukehren, gehörte seine Straße zu den saubereren im Gassengewirr der Kairoer Innenstadt. Fast jeden Tag verließ Adham, ein Vater von sieben Kindern, um vier Uhr morgens sein Haus, um mit der Arbeit bis zum frühen Nachmittag fertig zu sein. Selbst während des 18-tägigen Aufstandes gegen Mubarak hatte Adham jeden Tag pflichtbewusst seine Straße gefegt, die nur wenige hundert Meter vom Tahrir-Platz entfernt liegt. Ein Jahr nach dem Aufstand war der ägyptische Beppo noch voller Hoffnung, als ich ihn eines Morgens während seiner Arbeit in ein kurzes Gespräch verwickelte.

Auf die Frage, was er sich vom Aufbruch in Ägypten erwarte, zögerte er nicht lange und zog einen Schlüsselanhänger aus seinem verdreckten Overall. Daran hing ein kleiner Stempel, auf dem sein Name eingraviert war. Adham, der nie lesen und schreiben gelernt hat, benutzt ihn wie ein Siegel, wenn er offizielle Dokumente abzeichnen muss. „Ich möchte, dass meine Kinder alle zur Schule gehen und so etwas nicht mehr brauchen“, antwortete er. So simpel und so schwer zugleich können die Forderungen an eine neue arabische Welt sein.

Adham war ein gutes Beispiel für die großen sozialen Herausforderungen, die einer arabischen Welt im Aufbruch bevorstanden. Er verdiente umgerechnet gerade einmal 55 Euro im Monat, neben den Trinkgeldern, die ihm die Anrainer manchmal zusteckten. „Ich will nicht reich werden. Das Wichtigste ist, dass alle Leute zufrieden sind und nicht nur einige wenige auf Kosten der anderen leben“, sagte er damals bescheiden.

Für Politik, erzählte er, habe er eigentlich keinen Kopf. Zu den ersten Parlamentswahlen, Ende 2011, sei er aber gegangen, das erste Mal in seinem Leben. Nachdem er im Fernsehen eine Frau gesehen hatte, die sich im Rollstuhl vor dem Wahllokal anstellte, habe er beschlossen, dass auch er gehen müsse. Gewählt habe er die Muslimbrüder. „Weil alle anderen es auch getan haben“, sagte er.

Tatsächlich haben bei den ersten freien Wahlen des Landes im Februar 2012 über 70 Prozent die Islamisten gewählt, meist die Muslimbruderschaft und die Salafisten. Es waren zum Teil turbulente Parlamentssitzungen, etwa als der salafistische Abgeordnete Mamdouh Ismail mitten in einer Sitzung aufstand und einen Gebetsruf ertönen ließ. Das war auch den Muslimbrüdern zu viel. Deren Parlamentssprecher rief den salafistischen Abgeordneten streng zur Ordnung.

Erzkonservative Islamisten nutzten das Parlament als Bühne, etwa als sie einen Gesetzesentwurf einbrachten, der das Heiratsalter für Mädchen auf 16 Jahre herabsetzen sollte. Die meisten bizarren Vorschläge stammten von salafistischer Seite, aber die Muslimbrüder distanzierten sich nicht deutlich genug davon. Für liberale Ägypter entwickelte sich das Parlament immer mehr zum Horrorkabinett, wenngleich kaum einer der kruden Gesetzesvorschläge am Ende wirklich angenommen wurde. Am 14. Juni 2012 wurde das Parlament dann aufgelöst. Das Verfassungsgericht, in dem ausschließlich Vertreter saßen, die noch von Mubarak bestimmt worden waren, urteilte, dass das Wahlprozedere nicht verfassungskonform gewesen sei, da Parteien auch Kandidaten für jenes Drittel des Parlaments aufgestellt hatten, die unabhängigen Kandidaten vorbehalten waren. Mit der Auflösung des Parlaments konzentrierte sich der Kampf um politische Macht in der Nach-Mubarak-Zeit auf die Präsidentschaftswahlen, deren erste Runde bereits vor der Parlamentsauflösung begonnen hatte und die mit der Stichwahl mehrere Wochen dauern sollten.

Beim ersten Wahlgang, der bereits im Mai standfand, hatten die Muslimbrüder bereits einiges an Stimmen eingebüßt. Nur die Hälfte der Ägypter war damals zu den Urnen gegangen. Sie gaben in diesem ersten Wahlgang zum größeren Teil Kandidaten ihre Stimme, von denen sie einen wirklichen Wandel erhofften, allen voran dem säkularen Nasseristen Hamdin Sabahi und dem liberalen Aussteiger aus der Muslimbruderschaft Abdel Moneim Abul Futuh. Diese konnten sich allerdings aufgrund der Aufsplitterung nicht durchsetzen.

In die Stichwahl im Monat darauf kamen am Ende Ahmad Schafik, ein Restposten des Mubarak-Regimes, und der Muslimbruder Muhammad Mursi. Ihr äußerst knapper Erfolg beruhte damals wohl auch darauf, dass die alten Seilschaften des Regimes und die seit 80 Jahren im Land bestehende Muslimbruderschaft ihre fest verflochtenen Strukturen nutzen konnten, die bis in kleinste ägyptische Dorf reichten.

In einem alten Wohnhaus aus den 1920er Jahren, wenige hundert Meter vom Tahrir-Platz entfernt, bekam man damals hinter jeder Tür eine andere und doch sehr typische Antwort, wer von den beiden Kandidaten das Land führen sollte. Im sechsten Stock etwa wohnte in einer kühlen Altbauwohnung mit hohen Decken der Leiter einer Schreibwarenfiliale mit seiner Frau und seinem Sohn. Sie waren während des Aufstandes selbst auf dem Tahrir-Platz gewesen. Er werde Mursi wählen, kündigte der Schreibwarenhändler an, wenngleich mit Bauchschmerzen. „Ich wähle ihn nicht wegen meiner Liebe zu den Muslimbrüdern, sondern weil Schafik das alte Regime repräsentiert, das wir nach 30 Jahren endlich losgeworden sind", sagte er damals. Schafik habe die mächtige Armee und den alten Sicherheitsapparat hinter sich. Wenn der Präsident werde, hätten die Ägypter nichts erreicht. Er, der Schreibwarenhändler, wolle vor allem eine Säuberung der staatlichen Institutionen von den Resten des alten Regimes.

Natürlich höre er auch bei den Diskussionen genau zu, in denen darüber gesprochen werde, dass die Muslimbrüder sich an der Macht festsetzen könnten und man sie, wie einst die Regierungspartei Mubaraks, nur schwer wieder loswürde. Aber das ganze Gerede von Schafik, der die Muslimbrüder mit den Taliban oder Bin Laden vergleiche, entspreche auch nicht der Wahrheit.

Im dritten Stock des Hauses lag die Praxis eines Internisten. Sein Wartezimmer war voll. Auch er wollte das seiner Meinung nach kleinere Übel wählen, nur dass das für ihn Schafik war. Für den Arzt ging es darum, einen Präsidenten der Muslimbrüder zu verhindern. „Wenn die an die Macht kommen, dann werden sie jede Opposition zum Feind Gottes erklären", befürchtete er. Dann werde Ägypten wie Afghanistan. Vor allem aber hoffte er, dass Schafik wieder für Ruhe und Ordnung sorgt. „Wir leben jetzt eineinhalb Jahre im Chaos. Es gibt keine Arbeit und das Land ist unproduktiv, die Sicherheitslage und der Verkehr sind eine Katastrophe", sagte er. Vielleicht könne Schafik das in den Griff kriegen. Schafik sei aus seinen Zeiten in der Armee und später bei der staatlichen Fluglinie Egypt Air als Tyrann bekannt. „Dieser Defekt könnte Ägypten jetzt kurzfristig nützen", glaube er.

Am Ende wurde Mursi mit 52 Prozent der Stimmen zum Präsidenten gewählt, von vielen Ägyptern nicht weil sie vom Programm der Muslimbrüder überzeugt waren, sondern weil sie auf jeden Fall verhindern wollten, dass mit Schafik das alte Regime durch die Hintertür zurückkam.

Doch parallel zur Präsidentschaftswahl fand eine andere Entwicklung statt. Das Militär begann seinen schleichenden Weg zur Macht. Noch bevor Mursi am 24. Juni 2012 als offizieller Wahlsieger bekanntgemacht wurde, erließ der Oberste Militärrat per Dekret eine sogenannte Übergangsverfassung, mit der sich das Militär weitreichende Befugnisse sicherte, auf Kosten des Präsidenten Mursi. Die eine demokratische Institution, das Parlament, war aufgelöst worden; die zweite, das Amt des Präsidenten, wurde ausgehöhlt. Übrig blieb ein Oberster Militärrat, der im Hintergrund alle Fäden zog.

Mursi und die Muslimbrüder hatten jetzt zwei Optionen. Sie hätten die Möglichkeit gehabt, den anderen politischen Kräften die Hand zu reichen, um ein Bündnis gegen die Rückkehr des alten Systems zu schmieden. Man hätte sich darauf einigen können, zunächst den kleinsten gemeinsamen Nenner zu finden, etwa die Reform des Staatsapparates und seiner Institutionen, allen voran des Sicherheitsapparates. Möglich wäre auch gewesen, eine Regierung der Nationalen Einheit zusammenzuzimmern. Man hätte christliche Kopten an eine prominente Stelle setzen können, um der religiösen Minderheit die Angst vor einer Islamisierung des Landes zu nehmen.

Stattdessen arbeiteten die Muslimbrüder an ihrem ihnen wichtigsten politisch-islamistischen Projekt: einer neuen Verfassung für das Land. Die wurde von einer verfassunggebenden Versammlung geschrieben, die noch vom alten, inzwischen aufgelösten Parlament eingesetzt worden war, in dem Muslimbrüder und Salafisten die Mehrheit hatten. Und obwohl Mursi bei Gesprächen mit der liberalen, linken und nasseristischen Opposition versprochen hatte, diese nur in einem nationalen Konsens zu erarbeiten, boxten die Islamisten am Ende ihre Verfassung durch, die dann in einem Volksreferendum, an dem nur ein Drittel der Wahlberechtigten teilnahm, mit 64 Prozent der Stimmen angenommen wurde.

Die Muslimbrüder hatten tatsächlich geglaubt, dass sie mithilfe der Salafisten ihr politisches Projekt durchsetzen könnten und das Militär stillhalten würde. In ihrer politischen Unreife, einem Erbe von 30 Jahren Mubarak, in denen die Opposition keinerlei Spielraum hatte, Politik zu machen und zu lernen, machten alle Seiten in dieser entscheidenden Zeit des demokratischen Übergangs riesige Fehler.

Um ihre demokratische Legitimität zu behalten, hätten die Muslimbrüder ihre konservativen Islamvorstellungen auflockern können und Liberale und Linke hätten zur Kenntnis nehmen müssen, dass sie Ägypten nicht über Nacht in ein säkulares Land verwandeln können, sondern die konservative ägyptische Gesellschaft dort abholen müssen, wo sie sich befand. Und alle Seiten hätten sich ernsthaft des Themas annehmen müssen, das der Mehrheit der Ägypter auf den Nägeln brannte und brennt: der sozialen Frage.

Langer Rede kurzer Sinn: Alle Seiten hätten über ihren Schatten springen müssen. Getan hat das am Ende keine. Die Muslimbrüder wählten die zweite Option: Sie glaubten, ihren eigenen konservativen Kurs, auch mithilfe der erzkonservativen radikalislamischen Salafisten, weiterfahren und ihre Agenda durchsetzen zu können. Und die meisten Liberalen und Linken schossen sich auf die Muslimbruderschaft ein und vergaßen dabei, dass das alte System noch lange nicht aus dem Weg geräumt war. Das Land, das den Sturz des Diktators zuvor noch enthusiastisch gemeinsam gefeiert hatte, fand sich in einer tiefen Polarisierung wieder. Es war eine Zeit, in der die Ägypter praktisch zusahen, wie sich auf einer eingleisigen Strecke zwei Züge entgegenkommen. Wenn niemand die Bremsen zog, war es nur eine Frage der Zeit, bis es krachen würde.

Das Gegenbeispiel Tunesien

Auch aus den ersten Wahlen in Tunesien ging die islamistische Ennahda-Partei als der große Sieger hervor. In Europa und bei den Säkularen in der arabischen Welt ging die Angst um, dass nach Ägypten nun ein zweites arabisches Land infolge des Aufstandes in die Hände der Islamisten fällt. Demokratisch gewählt, war Ennahda jetzt zwar die größte, aber nicht die einzige Partei, die nun in der verfassunggebenden Versammlung am neuen Grundgesetz Tunesiens arbeiten konnte.

Dabei ließen die Tunesier erst einmal die Moschee im Dorf. Denn wenn die erste tunesische Wahl irgendetwas gezeigt hatte, dann, dass beide, die Islamisten in Form einer Partei und die Liberalen in Form von mehreren Parteien, zwei wichtige Strömungen in diesem Land darstellten, die einander nicht ignorieren konnten. Vorgezeichnet war aber dennoch ein ausgiebiger Streit über die Rolle von Religion und Staat in der Verfassung. Schließlich war es das erste Mal, dass sich beide gesellschaftlich relevanten Seiten in einer Demokratie offen mit dieser Frage auseinandersetzen mussten – ohne einen Diktator, der die Richtung vorgibt. Dabei waren die Islamisten der Ennahda-Partei keine Taliban, sondern eine relativ moderate islamistische Bewegung, die die Gesellschaft nicht mit militanten Mitteln, sondern über den Weg durch die Institutionen nach ihren konservativen Vorstellungen verändern wollten, und sie schlugen auch nach den Wahlen keine polarisierenden Töne an. Ihr Spielraum war ohnehin begrenzt. Die tunesischen Frauen waren und sind selbstbewusst und präsent genug, um sich ihre Rechte nicht einfach wieder wegnehmen zu lassen. Ausländische Investitionen und der Fremdenverkehr, von dem so viele Arbeitsplätze im Land abhängen, gaben den Islamisten nicht die Möglichkeit, selbst wenn sie gewollt hätten, einen islamistisch geprägten Staat in Tunesien zu gründen. Etwas, das übrigens langfristig auch für die Muslimbrüder in Ägypten gegolten hätte. Ennahda bildete 2011 zunächst eine Regierungskoalition mit zwei kleineren säkularen Parteien. Das reichte vorerst, um das Land nicht, wie Ägypten, entgleisen zu lassen.

Ägypten: Das Militär kehrt zurück an die Macht

Ägypten wurde indes durch die Polarisierung zwischen Muslimbrüdern auf der einen und Liberalen und Säkularen auf der anderen Seite immer unregierbarer. Nach einem Jahr Herrschaft der Muslimbrüder wurde immer deutlicher, dass das Land nicht von diesen alleine regiert werden kann, diese Lektion hatten die Ägypter gelernt. Doch die tunesische Lektion, dass das Land auch nicht ohne Islamisten regiert werden kann, die wollten sie nicht lernen. Beide Seiten standen einander unversöhnlich gegenüber. Der Ton wurde immer schärfer. Viele derjenigen, die gegen Mursi auf die Straße gingen, riefen dazu auf, die Muslimbrüder „fertigzumachen“. Und hier ging es nicht um ein paar Tausend Menschen: Millionen Ägypter sollten fertiggemacht werden.

Während sich auf den Straßen der Ärger über die Muslimbruderschaft in Massendemonstrationen entlud, in denen der Rücktritt von Präsident Mursi gefordert wurde, mobilisierten die Muslimbrüder wiederum ihre Anhänger unter dem Slogan der demokratischen Legitimität Mursis als ägyptisches Staatsoberhaupt. Und in all dieser Zeit plante das Militär im Hintergrund bereits die Machtübernahme.

In ägyptischen Talkshows wurde bereits offen über ein Datum diskutiert, wann das der Fall sein könnte.

Am 30. Juni 2013 wurde dann das Ende Mursis eingeläutet. Es kam zu Massenprotesten gegen die Muslimbrüder, mit dem Tahrir-Platz als deren Zentrum. Dort hatten sich alle Gegner der Muslimbrüder versammelt. Es herrschte ein regelrechter Anti-Mursi-Rausch. Doch auch bei dieser ganz großen Anti-Muslimbruder-Koalition, die da auf dem Platz stand, waren die politischen Widersprüche der Post-Mursi-Zeit schon angelegt. Die Demonstranten einte einzig ihr Protest gegen die Muslimbruderschaft – über die Zukunft Ägyptens hingegen gingen ihre Vorstellungen weit auseinander.

Da standen zum einen jene auf dem Platz, die Mubarak Anfang 2011 gestürzt hatten, junge Tahrir-Aktivisten, Linke, Vertreter der Zivilgesellschaft. Sie hatten beim Sturz Mubaraks den Blutzoll gezahlt. Neben ihnen war die „Sofa-Partei" zahlreich auf dem Platz vertreten: jene Ägypter, die sich den arabischen Wandel bisher nur im Fernsehen angeschaut, sich aber nicht an ihm beteiligt hatten, und von denen nach einem Jahr Amtszeit Mursis immer wieder der Satz zu hören war: „Unter Mubarak war es doch besser."

Und dann gab es da noch die alten Mubarak-Seilschaften zu sehen. Deren Vertreter hofften nun, durch die Hintertür wieder in das politische System zu kommen, nicht zu vergessen die Männer des Sicherheitsapparats, die sich nichts sehnlicher wünschten, als rehabilitiert zu werden, natürlich ohne ihren Unterdrückungsapparat reformieren zu müssen. Mit anderen Worten: Revolution und Konterrevolution feierten geeint in ihrer Ablehnung Muhammad Mursis und der Muslimbruderschaft. Und das eigentliche Zepter lag in den Händen des Militärs, das seine eigenen Interessen und Privilegien im Auge hatte.

Am 3. Juli 2013 verkündete Ägyptens Militärchef Abdel Fattah El-Sisi dann die Verhaftung Mursis und die Machtübernahme durch das Militär. Über Nacht hatte sich auch der Fokus der nationalen Debatte verändert. Statt über die Frage zu debattieren, wie viel Religion die Politik verträgt, stritt man nun wieder darüber, wie viel Neues und wie viele Reformen in dem Land am Nil durchgesetzt werden können. Das erinnerte ein wenig an den Ausgangspunkt der Revolution - alles begann von vorn, nur ohne die Muslimbrüder. Die gingen direkt ins Gefängnis, jedenfalls zunächst die Führungskader.

Die saßen nun zum Teil in den gleichen Gefängnissen wie die Vertreter des alten Regimes, allen voran Mubarak. Wie die ägyptische Justiz mit den neuen und den schon etwas länger Inhaftierten umging, war symptomatisch. Gegen die Vertreter des alten Regimes wurden oft Verfahren im Schongang geführt, an deren Ende sie meist freigelassen wurden - die korruptesten unter ihnen mit einer Ablasszahlung -, während die obersten Kader der Muslimbruderschaft von einem Verfahren zum nächsten getrieben wurden und in den Gefängnissen verrotteten.

Das ägyptische Tiananmen

Die Anhänger der Muslimbruderschaft bäumten sich noch ein letztes Mal auf. Sie richteten mehrere Protestlager ein. Das größte lag auf dem Rabaa-Al-Adawiya-Platz im Osten Kairos. Am 14. August 2013 begannen Militär und Polizei mit der blutigen Räumung des Platzes. Ich stand damals mit dem ORF-Team an einer der zum Rabaa-Platz benachbarten Kreuzungen. Wir diskutierten mit einem Team von Sky News, unter anderem mit dessen Kameramann Mick

Deane, welche Straßen noch sicher seien, um zum Platz zu gelangen, und welche auch für Journalisten zu gefährlich. Wir blieben stehen, das Sky-News-Team zog weiter. Kurz darauf wurde Deane erschossen. Dessen Kollege Craig Summers stand direkt neben ihm, als das geschah. Deane sei mit Absicht ausgesucht und erschossen worden, ist dessen Überzeugung. „Ich weiß nicht, warum sie ihn erschossen haben, die einzigen Menschen um uns herum waren eine Gruppe von Frauen, die auf dem Boden saßen und den Koran lasen. Sonst war niemand in der Nähe", erklärte er später bei der gerichtsmedizinischen Untersuchung in Großbritannien. „Irgendjemand hat ihn mit seinem Scharfschützengewehr ins Visier genommen und geschossen. Zu diesem Zeitpunkt gab es keine anderen Schüsse um uns herum", führte er weiter aus. Deane drehte sich noch zu ihm um und sagte, er sei getroffen worden. Dann sah man schon das Blut auf seiner linken Brust. Daniela Deane, seine Frau, schrieb später in der „Washington Post": „Mein Mann war ein einfaches Ziel für einen der Scharfschützen des ägyptischen Militärs, der ihn vielleicht von einem weit entfernten Dach ins Visier genommen hatte. Er war groß und blond und mit seiner schweren Fernsehkamera auffällig zwischen den Demonstranten. Ich glaube, die Sicherheitskräfte hatten einfach genug davon, ihn dort filmen zu sehen und haben beschlossen, ihn zu töten."

Wir harrten unterdessen weiter an der benachbarten Kreuzung aus. Noch war die Nachricht über den toten Kameramann, den wir gerade noch lebend verabschiedet hatten, nicht bis zu uns durchgedrungen. Wir warteten darauf, halbwegs sicher auf den Rabaa-Platz kommen zu können. Eine Frau kam vom Platz über die Straße gelaufen und schrie völlig aufgebracht: „Das sind Mörder, das sind Mörder". Dann setzte sie sich auf den Mittelstreifen der Straße und hörte nicht mehr auf zu schluchzen. Vom Platz her waren zur gleichen Zeit fast im Minutentakt die Tränengasgranaten zu hören, die abgeschossen wurden. Immer wieder war auch das Peitschen von Gewehrschüssen auszumachen.

Die Straße, in der zuvor das Fernsehteam von Sky News verschwunden war, wurde inzwischen von einem gepanzerten Fahrzeug des Militärs abgesperrt. Der Soldat am Maschinengewehr, das dem Fahrzeug aufgepflanzt war, sah stoisch in eine kleine Menge von Demonstranten, die „Nieder mit der Militärherrschaft" riefen. Bald flogen auch hier die ersten Tränengasgranaten. Die Menge wurde immer wieder zerstreut, um kurz darauf wieder zurückzukommen, als die ersten Verletzten aus dem Protestlager getragen wurden. Immer wieder kamen Krankenwagen, die von den Militärs durchgelassen wurden, und fuhren Richtung Rabaa-Platz. Von dort stiegen inzwischen schwarze Rauchwolken auf. Wir, die wir draußen vor dem Platz standen, wussten, dass dort etwas Schlimmes passiert sein musste, hatten aber noch keine Ahnung vom blutigen Ausmaß dessen, was da auf dem Rabaa-Platz geschehen war.

Kein anderes Ereignis in der neueren Geschichte hat die ägyptische Gesellschaft mehr gespalten. In anderen Teilen der Stadt jubelten manche Menschen, applaudierten und schwenkten ägyptische Fahnen. Später gratulierten der Innenminister und der Premier im Fernsehen der Armee und der Polizei für ihre ausgezeichnete Arbeit.

Zwei Jahre später zog die internationale Menschenrechtsorganisation Human Rights Watch ein vernichtendes Fazit. „Es war weltweit in der neueren Geschichte einer der tödlichsten Einsätze gegen Demonstranten an einem einzigen Tag durch willkürliche und gezielte Gewalt von Sicherheitskräften", schrieb sie in ihrem Untersuchungsbericht und nannte den blutigen Tag in Ägypten in einem Atemzug mit dem chinesischen Tiananmen-Massaker 1989, bei dem 400 bis 800 Demonstranten umgekommen sein sollen. Nach Zählung der Organisation sollen in Kairo am 14. August 2013 mindestens 817, wahrscheinlich aber über tausend Demonstranten innerhalb weniger Stunden erschossen worden sein.

Human Rights Watch kam nach der Befragung von 200 Augenzeugen und der Sichtung von Videomaterial zu dem Schluss, dass die Polizei auf die meist friedlichen Demonstranten mit scharfer Munition geschossen habe, dass aber auch Scharfschützen eingesetzt worden und Hunderte durch Kopf- und Brustschüsse umgekommen seien.

Die Unterstützer der El-Sisi-Regierung, der Armee und Polizei argumentierten, der Einsatz von Gewalt sei legitim gewesen, da die Polizei angegriffen worden sei. Auch die Menschenrechtsorganisation dokumentierte vereinzelt Fälle, in denen Demonstranten auf die Polizei geschossen hatten, „aber damit lässt sich niemals der unverhältnismäßige und vorsätzliche Einsatz von Gewalt gegen überwiegend friedliche Demonstranten rechtfertigen", schlussfolgerte der Bericht. Selbst laut dem offiziellen Menschenrechtsrat, der im Auftrag der Regierung arbeitet, gab es unter den von ihm dokumentierten 624 Opfern nur acht tote Polizisten.

Auch das von Human Rights Watch untersuchte Videomaterial zeigte zahlreiche Szenen, in denen Sicherheitskräfte von Dächern und Polizeifahrzeugen aus schossen, ohne Deckung zu nehmen. „Ein ungewöhnliches Verhalten, wenn es eine signifikante Bedrohung durch Schusswaffen seitens der Demonstranten gegeben hätte", stellte der Bericht der Menschenrechtsorganisation etwas lakonisch fest.

Der ägyptische Präsident El-Sisi und dessen Anhänger würden das Thema seitdem am liebsten unter den Tisch kehren. Für die Muslimbruderschaft ist der 14. August 2013 dagegen bis heute die wichtigste Referenz für die blutige Herrschaft des Militärs nach dem Sturz Muhammad Mursis.

Und in Tunesien?

Auch Tunesien drohte an der politischen und gesellschaftlichen Polarisierung des Landes zu scheitern. Die Angst der liberalen und säkularen Tunesier war groß, dass die islamistische Ennahda-Partei trotz ihres relativ moderaten Programms über die demokratische Tür doch versuchen würde, einen islamistisch geprägten Staat einzuführen. Als dann im Frühjahr 2013 zunächst der prominente linke Politiker und Ennahda Kritiker Chokri Belaid von militanten Islamisten umgebracht wurde, kam es zu einem Generalstreik. Als wenige Monate später ein weiterer bekannter Linker, Muhammad Brahmi, ermordet wurde, folgten Massendemonstrationen, in denen auch dazu aufgerufen wurde, das von den Islamisten dominierte Parlament aufzulösen. Das Land stand vor seiner ersten großen Zerreißprobe seit dem Sturz des Diktators Ben Ali.

Dass es nicht so weit wie in Ägypten kam, ist im Wesentlichen der tunesischen Zivilgesellschaft zu verdanken, genauer gesagt dem „Quartett für den Nationalen Dialog", das die Zügel in die Hand nahm, um Schlimmeres zu verhindern. Das Quartett bestand aus Vertretern des größten Gewerkschaftsverbandes (UGTT, Union Générale Tunisienne du Travail), dem Arbeitgeberverband (UTICA, Union Tunisienne de l'Industrie, du Commerce et de l'Artisanat), der tunesischen Menschenrechtsliga (LTDH, Ligue Tunisienne des Droits de l'Homme) sowie der einflussreichen Anwaltskammern (Ordre National des Avocats de Tunisie).

Das Quartett vertrat damit eine breite Palette von Interessen, einigte sich aber doch auf einen kleinen gemeinsamen Nenner, wie Tunesien aus der Krise geführt werden könne. Das Quartett fungierte als Vermittler zwischen den Parteien, forderte einen neuen Premierminister, ein neues Kabinett sowie ein neues Wahlgesetz und trieb die Diskussion um die überfällige Verfassung voran, die dann im Januar 2014 fast einstimmig verabschiedet wurde. Der nationale Dialog führte auch dazu, dass die von den Islamisten dominierte Regierung zurück- und an ihre Stelle ein Kabinett aus Technokraten trat.

Das ägyptische Szenario war damit für Tunesien abgewendet. Der Blick auf die Ereignisse im Nilland war sicherlich eine der wichtigsten Motivationen der Tunesier, sich zusammenzuraufen. Ganz besonders, da Ennahda das Schicksal ihrer islamistischen Kollegen in Ägypten, den Muslimbrüdern, genau verfolgt hatte und alle Tunesier vor Augen hatten, wohin eine weitere Polarisierung führen konnte.

Das Quartett erhielt für seine Arbeit verdienterweise 2015 den Friedensnobelpreis. Es habe entscheidend dazu beigetragen, eine pluralistische Demokratie in Tunesien aufzubauen und habe den Demokratisierungsprozess gerettet, als Tunesien am Rand eines Bürgerkrieges stand, hieß es in der Jurybegründung. Das Quartett habe seine Rolle als Vermittler und treibende Kraft bei der friedlichen demokratischen Entwicklung in Tunesien mit großer moralischer Autorität vorangetrieben, indem es die Grundlage für einen nationalen Dialog geschaffen habe, an dem am Ende 21 Parteien verschiedenster politischer Ausrichtung teilnahmen.

Aber es war nicht das letzte Mal, dass weise politische Entscheidungen nötig waren, um das Land zusammenzuhalten. Bei den Parlamentswahlen Ende 2014 schlug das Pendel diesmal in Richtung des säkularen Parteienbündnisses Nidaa Tounes aus, ein Parteienbündnis, das im Wesentlichen seine Gegnerschaft zu den Islamisten einte. Einen Monat später gewann deren Kandidat Beji Caid Essebsi die Präsidentschaftswahlen. Es sah so aus, als hätten die liberalen und säkularen Parteien nun die Islamisten an den Wahlurnen geschlagen und könnten mit ihrer Mehrheit den Kurs des Landes bestimmen.

Doch der neue Präsident Essebsi war ebenso um einen nationalen Ausgleich bemüht und nahm die islamistische Ennahda-Partei überraschend mit an Bord der Regierung. Das war ein weiterer Meilenstein in Tunesiens kurzer postrevolutionärer Geschichte. Bemerkenswert war hier die Zusammenarbeit zwischen Essebsi und dem Chef der Ennahda-Partei Rached Al-Ghannouchi, die die Zeichen auf Aussöhnung setzte. Essebsi war als Außenminister einst Mitglied des Regimes des Diktators Ben Ali gewesen, das Ghannouchi wegsperren und foltern ließ.

Doch auch in Tunesien war nicht alles rosig. Militante Islamisten trieben ihr Unwesen mit blutigen Anschlägen auf das Bardo-Museum in Tunis und auf eine Hotelanlage in Sousse. Ein tunesischer Student erschoss dort am 26. Juni 2015, während des Ramadan, am Strand des Imperial Marhaba Hotels 38 Touristen, die sich friedlich auf den Liegen gesonnt hatten.

Als ich am nächsten Tag dort ankam, herrschte am Hotelstrand eine Atmosphäre der totalen Fassungslosigkeit. Jemand hatte mitten in die am Tatort niedergelegten Blumen einen Zettel mit einer einfachen Frage gesteckt: „Warum“, stand darauf.

Der Attentäter, der 23-jährige Student Seifeddine Rezgui, war in keiner Weise auffällig geworden, bevor er mit einem Sturmgewehr am Strand auftauchte, um ein Blutbad anzurichten, das der IS später im Internet für sich reklamierte.

Drei Tage später traf ich dann Mayel Monsef, den stillen Helden des tunesischen Badeortes Sousse. Er brachte mich zu jenem Ort, an dem er drei Tage zuvor versucht hatte, den Strand-Attentäter zu stoppen. Die Polizei war nirgends zu sehen gewesen, da sei der Mann mit seinem Sturmgewehr diese Straße entlanggelaufen, erzählte er. Monsef führte mich auf das Dach eines dem Hotel benachbarten Hauses, in dem er am Tag des Anschlags gearbeitet hatte. Dort lag immer noch ein Stapel Badezimmerfliesen. Er führte mir vor, wie er ein paar dieser Fliesen genommen, diese mit den Worten „Du Hund!" auf den Attentäter geschleudert und ihn dabei am Kopf getroffen hatte. Dieser sei dann noch ein paar hundert Meter weiter getaumelt und dann im hinteren Teil des Ortes von der Polizei erschossen worden. Er sei ein einfacher Mann, sagte der Fliesenleger. Er habe als Bürger und Muslim einfach nur seine Pflicht getan. „Der Attentäter ist kein wahrer Muslim. Der Islam hat noch nie gesagt ‚töte', und schon gar nicht an einem Freitag im heiligen Ramadan. Der Islam sagt, dass du den Menschen verzeihen und sie lieben sollst." Es ist dem tunesischen Fliesenleger und seinem beherzten Handeln zu verdanken, dass der Anschlag nicht noch mehr Menschenleben kostete.

Tunesien ging indes in sich. Am nächsten Tag fand vor dem Hotel in Sousse am Abend nach dem Fastenbrechen eine Demonstration statt. Von den Vertretern der säkularen Nidaa-Partei über deren Koalitionspartner, die moderate Ennahda-Partei, bis zur Opposition und zur Zivilgesellschaft waren alle gekommen. „Wir müssen in diesen Zeiten alle zusammenstehen", erklärte mir dort der Arbeitsminister Zied Ladhari von der Ennahda-Partei. „Die Terroristen hassen unser Projekt, das einzig demokratische erfolgreiche in der arabischen Welt", sagte er. Es habe nach der Revolution ein gewisses „religiöses Chaos" gegeben, gab er zu. Und natürlich sei die Religionsfreiheit in der Verfassung garantiert. Aber die könne durchaus auch eingeschränkt werden, wenn es Menschen gebe, die mit ihrer Religionsinterpretation Gewalt legitimierten, sagte er.

Im ganzen Land wurden viele Fragen gestellt, nicht nur dazu, wie der Sicherheitsapparat besser aufgestellt werden könne, um auf solche Anschläge, die für die Tunesier neu waren, angemessen reagieren zu können. Im Zentrum der Debatte stand auch die Frage, wie ein bisher unauffälliger Student zu einer solchen Tat getrieben werden konnte und warum beim IS im benachbarten Libyen, aber auch in Syrien und im Irak, auffällig viele Tunesier aktiv waren. Wie konnte das Land seine Jugend von den Dschihadisten-Rattenfängern wieder zurückgewinnen?

Für Alaya Allani, einen ausgewiesenen tunesischen Experten für die militanten Islamisten, den ich später in der Hauptstadt Tunis traf, lag der Schlüssel in der wirtschaftlichen Misere des Landes. Bei den Parlaments- und Präsidentschaftswahlen sei weniger als die Hälfte der Wahlberechtigten zu den Urnen gegangen. Bei den jungen Wählern sei es gar nur ein Viertel gewesen. „Das heißt, 75 Prozent der jungen Tunesier sind vom Arabischen Frühling und seinen Versprechungen enttäuscht worden. Sie bilden das Gros der Arbeitslosen. Damit ist es oft ein Leichtes für die Militanten, sie zu rekrutieren", erklärte er.

Um dem nachzugehen, fuhr ich bei einer späteren Tunesien-Reise dorthin, wo die arabischen Aufstände ihren Anfang genommen hatten, in die südtunesische Kleinstadt Sidi Bouzid. Im Zentrum der Stadt steht eine Statue, die an den prominentesten Bürger des Ortes erinnern soll.

Sie stellt einen überlebensgroßen Karren dar, wie er von Straßenverkäufern in Tunesien verwendet wird, und ist Muhammad Bouazizi gewidmet, jenem tunesischen Straßenhändler, der sich hier 2010 selbst angezündet hat, weil sein Karren und seine Waren von der Polizei des damaligen Diktators Ben Ali willkürlich konfisziert worden waren. Schnell wurde deutlich, dass in der Wiege des Arabischen Frühlings fünf Jahre danach Katerstimmung herrschte. Die Region ist eine der ärmsten Tunesiens, jeder Vierte hat hier keine Arbeit. Im Zentrum der Stadt, unweit der Statue, traf ich einen der besten Freunde des verstorbenen Bouazizi, der sich nur als Hamza vorstellte. Sein Fazit über die Errungenschaften nach dem Sturz Ben Alis war vernichtend. „Die Menschen hier sind enttäuscht von der Revolution. Es gibt noch weniger Arbeit als früher und viele Jugendliche versuchen von hier nach Europa zu kommen. Wenn ich das Geld dafür hätte, würde ich auch gehen", fasste er kurz und prägnant zusammen. Muhammad, ein anderer Freund Bouazizis, führte mich zu dem Haus, in dem die Familie des einstigen Straßenhändlers wohnte. Ein zweistöckiges, einfaches Haus, wie Hunderte andere im Ort. Die Familie war allerdings inzwischen nach Kanada ausgewandert. „Sie waren mehrfach bedroht worden und sind dann hier weggezogen", erläuterte Muhammad. Ich dachte nur: Es ist kein gutes Zeichen, wenn die Familie des Revolutionshelden in den Nachwehen der Revolution flüchten muss.

Auch die Lage der Straßenhändler selbst hatte sich aufgrund der schwierigen wirtschaftlichen Lage noch verschlimmert. Etwa bei Marwan, der wie einst Bouazizi mit einem Karren am Straßenrand Obst und Gemüse verkaufte. Seinen Lebensunterhalt zu verdienen, sei noch schwerer geworden, erzählte er. „Die Waren, die ich früher in zwei Tagen verkauft habe, werde ich heute kaum in einer Woche los", beschrieb er den Niedergang. Und auch in einem Café in der Innenstadt hatten sie wenig gute Worte für das neue Tunesien übrig. „Du befindest dich hier in der offenen Wunde der Revolution", beschrieb es Hafez, einer der dortigen Jugendlichen, anschaulich. Die Lage sei aussichtslos. Aus diesem Ort ziehe es mehr Jugendliche in ihrer Verzweiflung zu terroristischen Gruppen als nach Europa. „Was ist euch in Europa lieber?", fragte er fünf Jahre nach dem tunesischen Aufstand.

Aber wenngleich viele Tunesier vor allem aus wirtschaftlichen Gründen an ihrer Revolution verzweifelten, zurück zu den autokratischen Zeiten wollte keiner, an der neugewonnenen Demokratie hielten sie fest. Anders als das ägyptische Militär, das eine jahrzehntelange Tradition hat, in der Politik mitzumischen, war das tunesische Militär immer eine Institution zur Landesverteidigung geblieben. Die Tunesier passten sich in den Zeiten nach dem Sturz Ben Alis immer wieder an die neue Lage an. Demokratische Werte und Transparenz waren ihnen zur liebgewonnenen Gewohnheit geworden, die sie nicht mehr aufgeben wollten. Die Tunesier haben nie wieder über die Schulter zurückgeblickt.

Willkür und Repression in Ägypten

Währenddessen machte Ägypten fast auf dem Absatz kehrt. Die neuen Machthaber, die Militärs und ihre Frontfigur Präsident El-Sisi, arbeiteten daran, den ganzen 25. Januar 2011 und den folgenden Aufstand vergessen zu machen und die Geschichte umzuschreiben. Sie gingen mit den gleichen nicht reformierten Institutionen aus der Mubarak-Zeit wieder zur Tagesordnung über, ohne Mubarak, der nur noch eine politische Fußnote war.

Das Innenministerium behielt seine alte Rolle als Repressionsapparat, der für nichts zur Rechenschaft gezogen wird, dazu kamen übergeordnet das Militär und eine Justiz, die nur noch als Erfüllungsgehilfe des Regimes fungierte. Infolge der blutigen Auflösung der Protestlager der Muslimbrüder kam es vor allem in Südägypten zu einer ganzen Reihe von Mob-Angriffen, meist auf Polizeistationen, aber auch auf eine ganze Reihe von Kirchen. Dass der koptische Papst Tawadros II. sich am Tag der Machtübernahme des Militärs zum Fototermin neben El-Sisi gestellt hatte, um seine Unterstützung auszudrücken, zeugte fatale Folgen und machte in den Augen der Islamisten alle Christen zu Komplizen der Militärmachthaber.

Das Regime und die Justiz nutzten diese Gelegenheit, um mit der Muslimbruderschaft abzurechnen, die inzwischen zur terroristischen Organisation erklärt worden war. Massen-Todesurteile wurden in Ägypten zum Alltag, besonders 2014. Nach nur zwei Prozesstagen und praktisch ohne Beweisaufnahme hatte beispielsweise ein ägyptischer Richter im April 683 Menschen zum Tode verurteilt. Derselbe Richter hatte bereits im März in einem anderen Schnellverfahren 529 Angeklagte zum Tod durch Erhängen verurteilt. In beiden Prozessen wurden die Angeklagten für schuldig befunden, Polizisten angegriffen und zur Gewalt aufgerufen zu haben. Sie sollen im Jahr zuvor eine Polizeistation im südlichen Oberägypten erstürmt haben.

Nicht nur Muslimbrüder, sondern auch Aktivisten des Tahrir-Platzes wurden wegen Verstoßes gegen das restriktive Demonstrationsgesetz verurteilt. Journalisten kamen aufgrund ihrer Kontakte zur Muslimbruderschaft wegen Unterstützung einer terroristischen Vereinigung vor Gericht. Studenten wurden nach gewalttätigen Auseinandersetzungen an der Universität für Jahrzehnte ins Gefängnis geschickt. Mit Rechtsstaatlichkeit hatten all diese Prozesse nichts zu tun.

Im Sommer 2014 besuchte ich das Dorf Qum Basal in der Provinz Minya in Oberägypten. Es ist ein Dorf wie Tausende andere in Ägypten. Staubige, nicht asphaltierte Straßen, Hütten, in denen die Armut zu Hause ist, auf den Feldern verrichten Tiere statt Traktoren die schweren Arbeiten. Aber der kleine Ort barg eine Besonderheit. Zehn der in Massen-Schnellverfahren rechtskräftig zum Tode Verurteilten stammten von dort. Das Gericht in der Provinzhauptstadt Al-Minya, das die Urteile ausgesprochen hatte, lag gerade einmal eine halbe Autostunde von Qum Basal entfernt. Der Anlass der Verurteilung, eine Polizeistation, die im Sommer zuvor von einem Mob angegriffen worden war, worauf in der Folge ein Polizeioffizier starb, lag auf halbem Weg zwischen den beiden Orten.

Es dauerte eine Weile, bis der Bauer Ahmad Hassan mich in sein Haus bat. Im Dorf herrschte Angst vor weiteren Repressalien. „Sie kamen um Mitternacht, brachen die Tür auf und nahmen meinen Vater und meinen Bruder mit", erzählte er. „Wir konnten es kaum fassen, als die beiden zum Tode verurteilt wurden." Dass dieses Urteil inzwischen in lebenslänglich umgewandelt wurde, tröstete Ahmad damals wenig. Denn das halbe Dorf könne bezeugen, dass die beiden Verurteilten am Tag, an dem die Polizeiwache angegriffen wurde, auf ihrem Feld in unmittelbarer Nachbarschaft des Dorfes gearbeitet hatten. Doch Zeugen wurden in dem Prozess nie befragt. Kein einziges Mal sei jemand von den Untersuchungsbehörden im Dorf vorbeigekommen, erzählte Ahmad Hassan. Wahrscheinlich habe es sich um eine Namensverwechslung gehandelt. „Mein Bruder heißt Abdallah Muhammad Hassan Schulqami, der Name des von der Staatsanwaltschaft Gesuchten ist Abdallah Muhammad Hassan Gumaa. Also ein ganz anderer Familienname. Aber das interessiert niemanden", sagte der Bauer.

Immer wieder verschwanden Menschen auch einfach. Die internationale Menschenrechtsorganisation Human Rights Watch hat zahlreiche Fälle dokumentiert, in denen Menschen von den Sicherheitskräften in Ägypten zwangsweise verschleppt wurden und verschwunden sind. Eine lokale Kampagne mit dem Titel „Stoppt die Zwangsverschleppungen" wirft dem ägyptischen Sicherheitsapparat vor, allein zwischen Juli 2013, also dem Monat, in dem das Militär die Macht übernommen hat, und August 2018 mindestens 1530 Menschen verschleppt zu haben. Manchmal sind sogar die Anwälte und Aktivisten verschwunden, die versucht haben, diese Fälle zu recherchieren.

Das Schema, nach dem Menschen verschwinden, sei stets das gleiche, erklärte mir im Januar 2016 der ägyptische Menschenrechtsanwalt Mokhtar Munir. Oftmals habe jemand noch mitbekommen, dass sie vom Sicherheitsapparat festgenommen wurden. Aber dann verliere sich die Spur: „Weder die Familie noch die Anwälte wissen, wo sich die Person aufhält. Oft werden die Verschleppten gefoltert und Geständnisse erpresst. Dann werden sie medizinisch behandelt und der Staatsanwaltschaft übergeben", beschrieb er das Prozedere.

Die Regierung rechtfertige das harte Vorgehen des Sicherheitsapparats als Kampf gegen den Terror. „Derweil können wir noch nicht einmal behaupten, dass die Mehrzahl der Verschwundenen Islamisten sind. Es finden sich unter ihnen auch viele mit anderen politischen Einstellungen", führte der Anwalt aus. „Und manchmal", sagte er, „erwischt es auch Menschen, die einfach nur zum falschen Zeitpunkt am falschen Ort waren."

So erging es dem Kairoer Pförtner Hani Abdel Sattar, dessen Familie ich später im Kairoer Viertel Nasr-City besuchte. Sie lebten in einem kleinen Raum neben einem bürgerlichen Wohnhaus, auf das sie aufpassten. Hanis Frau, Umm Muhammad, ihre drei Kinder und die Großmutter teilten sich ein kleines, mit Matten ausgelegtes Zimmer, dessen einziger Einrichtungsgegenstand ein alter Fernseher war, in dem der Koran rezitiert wurde. Neben dem Raum lag ein mit Holzpfosten gestützter Verschlag, der als Küche diente.

„Mein Mann Hani hatte sich nebenbei noch Geld verdient, indem er in einem Büro putzte", begann Umm Muhammad ihren Bericht. Von dort kam er am 10. August nicht mehr nach Hause. „Ich habe dann angerufen, und sie sagten, mein Mann sei zusammen mit dem Bürochef Hischam Tayyeb von Sicherheitsleuten abgeholt worden", erinnerte sie sich.

Später habe sie ihren Bruder angerufen. Der kam aus dem Nildelta, und sie machten sich gemeinsam auf die Suche. Bei der Polizei habe man nichts vom Verbleib ihres Mannes gewusst. Sie hätten überall nachgefragt, in den Krankenhäusern, Gefängnissen, im Innenministerium und bei der Staatsanwaltschaft. Nirgends bekamen sie eine Auskunft, wo sich Hani aufhielt.

Drei Wochen später erfuhr die Familie, dass Hischam Tayyeb, der Bürochef, der zusammen mit Hani verhaftet worden war, in einem Gefängnis in der Kairoer Innenstadt einsaß. Umm Muhammad fuhr hin, in der Hoffnung, dort auch ihren Mann zu finden. Sie brachte Hani Kleidung und Essen mit, aber man sagte ihr, ihr Mann sei nicht da. „Wir haben dann versucht, stattdessen Hischam im Gefängnis zu besuchen, aber das wurde uns nicht gestattet", blickte sie zurück. Es gab aber einige vergitterte Fenster zur Straße hin. Dort habe sie immer wieder nach Hischam Tayyeb gerufen, bis dieser tatsächlich antwortete. Er erzählte, Hani sei am dritten Tag nach seiner Festnahme gestorben. Weitere Details erstickten unter Umm Muhammads Tränen.

Ihr Bruder Muhammad Salah, der bei meinem Besuch bei der Familie Abdel Sattar ebenfalls anwesend war, erfuhr später von Mitgefangenen, was mit Hani geschehen war: Sie seien zusammen mit Hani drei Tage lang misshandelt worden, wurden nackt ausgezogen, ihre Augen verbunden, ihre Körper mit Elektroschocks gefoltert. Dann hätten sie Hani tot in der Zelle gefunden, gab Muhammad Salah die Berichte der Mitgefangenen wieder. „Wir wollen wenigstens seine Leiche, um ihn angemessen begraben zu können." Er erzählte mir das alles draußen vor Umm Muhammads Wohnraum, damit die Kinder nicht mithörten.

Drinnen kämpfte Umm Muhammad immer noch um ihre Fassung. Zwei ihrer kleinen Kinder, Muhammad und Mona, stimmten in ihr lautes Schluchzen ein. „Wo ist Hani?", fragten sie immer wieder. „Er war 47 Jahre alt, munter und gesund. Was haben wir verbrochen, wir haben doch nichts mit Politik zu tun?" Sie erzählte, wie sie noch im Sommer mit ihren Kindern auf dem Tahrir-Platz gestanden habe, um die Eröffnung einer zweiten Trasse des Suezkanals zu feiern, das Prestigeprojekt von Präsident El-Sisi, den sie zusammen mit ihrem Land hätten hochleben lassen. Auf einem Handy gab es noch Fotos von diesem 6. August, vier Tage, bevor Hani für immer verschwand. Die Kinder schwenken auf den Fotos eine ägyptische Fahne. Stolz lichteten sie sich ab, vor einem martialisch aufgebauten Polizisten ganz in Schwarz. Die Kinder und Umm Muhammad lächeln in die Kamera. Das Gesicht des Polizisten ist nicht zu erkennen, es ist hinter einer schwarzen Maske verborgen.

Umm Muhammad saß mit tränenverschmiertem Gesicht in ihrem Zimmer. „Was soll ich meinen Kindern sagen, soll ich ihnen sagen, sie sollen ihr Land hassen? Dieses Land hat ihren Vater umgebracht. Ist das unser Land?", fragte sie verbittert und erwartete keine Antwort. Stattdessen fragte sie ein zweites Mal, eher an sich selbst gerichtet: „Was soll ich meinen Kindern sagen?"

Eine Region, zwei Systeme

Die arabischen Länder betraten nach den Aufständen gegen ihre Despoten politisches Neuland. Sie wurden zunächst ins politische und gesellschaftliche Chaos gestürzt. Jahrzehntelang hatten ihre Diktatoren auf alle politischen und gesellschaftlichen Widersprüche den Deckel draufgesetzt. Als sie weg waren, brachen diese dann umso heftiger aus, etwa: Welche Rolle soll die Religion in Staat und Politik einnehmen? Wie viel Erneuerung verträgt ein Land? Wie muss man sich mit alten Strukturen arrangieren, um das staatliche Funktionieren zu gewährleisten? Wie können die alten, verkrusteten staatlichen Strukturen aufgebrochen werden, die diese Länder so lange in ihrer Entwicklung zurückgehalten haben?

All diese Herausforderungen brachen über die arabische Welt herein. Ägypten und Tunesien beschritten dabei diametral gegensätzliche Wege. Beide Länder hatten mit der politischen Polarisierung ihrer Gesellschaft zu kämpfen.

Die Tunesier hatten als erste arabische Nation die Lektion gelernt, dass eine funktionierende Demokratie nicht darin besteht, seine jeweiligen politischen Vorstellungen gegen alle anderen durchzuboxen, sondern darin, mit politischen und gesellschaftlichen Kompromissen das Land voranzutreiben. Trotz aller wirtschaftlichen Schwierigkeiten haben die Tunesier an ihren neugewonnenen Rechten und an ihren neuen demokratischen Werten festgehalten. Aber vor allem haben sie den größten Fehler Ägyptens vermieden, zu glauben, dass eine politische Strömung, einmal an der Macht, alle anderen einfach ausschalten kann. Sie haben gelernt, dass die arabischen Gesellschaften vielschichtig sind und ihre politischen Systeme diese Vielschichtigkeit reflektieren sollten. Sie müssen konservative Islamisten ebenso aushalten wie jene, die eine vollkommene Trennung von Politik und Staat fordern. Erzkonservative Gesellschaftsvorstellungen müssen ebenso eine Stimme haben wie jene, die ihre Länder gesellschaftlich befreien wollen. Sie alle sollten daran beteiligt sein, die Zukunft ihrer Länder auszuhandeln.

Ägypten dagegen wird als abschreckendes Beispiel in die Geschichte eingehen. Dort präsentierte sich die Armee als Retter der Nation und führte den autokratischen Weg Mubaraks mit einem neuen Pharao, El-Sisi, und einer noch verschärfteren Repression weiter. Die Muslimbrüder wurden als politische und gesellschaftliche Kraft kriminalisiert und zu Zehntausenden weggesperrt. Aber die Repression machte hier nicht halt. Sie betraf auch all jene liberalen Tahrir-Aktivisten, die das Versammlungsrecht, die Meinungsfreiheit und andere demokratische Werte, vor allem aber auch politische Rechenschaft, einforderten. Kurzum: Jeglicher Dissens wurde ausgeschaltet. Es entstand ein Ägypten der trügerischen Friedhofsruhe, während sich die Gefängnisse zu Brutstätten der Radikalität entwickelten.

Viele Anhänger El-Sisis argumentieren, dass die Machtübernahme des Militärs die einzige Möglichkeit war, die Gefahr eines islamistisch geprägten Staates in Ägypten abzuwenden. Dabei stellt sich die Frage, wie sich die politische Landschaft entwickelt hätte, hätte das Militär nicht interveniert. Die Anhänger El-Sisis rechtfertigen die harte

Hand gegen die Muslimbruderschaft damit, dass sich diese ohne Einmischung des Militärs in die Politik an der Macht festgesetzt hätte.

Derweil wäre aber auch ein anderes Szenario für Ägypten möglich gewesen. Der Unmut gegen die Muslimbruderschaft in Ägypten war in der Bevölkerung nach einem Jahr Amtszeit Mursis groß. Wenn das Parlament mit einer Mehrheit von Islamisten nicht aufgelöst worden wäre und Mursi seine Amtszeit beendet hätte, wäre das möglicherweise das beste Rezept für eine Säkularisierung Ägyptens gewesen. Denn dann wären die Muslimbrüder in der Tagespolitik immer mehr bloßgestellt worden, bis einer Mehrheit der Ägypter klar geworden wäre, dass mit religiösen Sprüchen wie „Der Islam ist die Lösung" kein Staat zu machen ist. Vor allem an der brennenden sozialen Frage in Ägypten wäre die Muslimbruderschaft gescheitert. Dann wäre sie ziemlich sicher bei den nächsten Wahlen an den Urnen abgewählt worden. Wenn sie sich dann geweigert hätte abzutreten, hätte das Militär immer noch intervenieren können.

Das Ergebnis eines solchen Prozesses wäre ein relativer politischer Frieden gewesen und langfristig ein demokratischer Lernprozess, dass Politik aus gesellschaftlichen Kompromissen besteht. So aber kann sich die Muslimbruderschaft bis heute als eine Art politischer Märtyrer und als legitim gewählter Vertreter präsentieren, dem die Macht von einer nicht gewählten Institution entrissen wurde. Oder in anderen Worten: In Ägypten hat das Gestrige, das Militär, das Vorgestrige, die Muslimbrüder, vollkommen ausgeschaltet und damit das Morgen blockiert.

Aber während die Tunesier ihre Zukunft geschickt aushandelten und diese Zukunft in Ägypten vom Gestrigen blockiert wurde, verbreiteten in einem anderen Teil der arabischen Welt die Dschihadisten des militanten sogenannten „Islamischen Staates“ Angst und Schrecken. Ihnen war selbst das Vorgestrige nicht genug.

Das Aufbäumen der IS-Dschihadisten

„An den Früchten, nicht an den Wurzeln erkennt man den Baum“, lautet ein arabisches Sprichwort. Anders gesagt: Es gibt Dinge, die macht man, ohne die geringste Vorstellung davon zu haben, welche Konsequenzen sie nach sich ziehen werden. Hätte etwa – nur mal zum Beispiel – der frühere US-Präsident George Bush senior vor fast drei Jahrzehnten geahnt, dass zehn Jahre später 19 arabische Attentäter, darunter 15 Saudis, am 11. September 2001 drei US-Verkehrsmaschinen in tödliche Waffen verwandeln würden, und zwar als Konsequenz seiner Stationierung von US-Soldaten auf der Arabischen Halbinsel? 1991 hatten die USA erstmals mit Zustimmung des dortigen Königshauses Truppen in Saudi-Arabien stationiert. Soldaten der „Ungläubigen“ im Land der heiligen Stätten Mekka und Medina? Das war für Bin Laden und die Seinen der entscheidende Tabubruch. Er erklärte nicht nur dem Gastgeber, dem saudischen Regime, den Krieg, sondern auch den USA. Zunächst wurde er nicht sonderlich ernst genommen. Der Rest ist Geschichte.

Für manche Araber war Osama Bin Laden die radikalste und brutalste Antwort auf ihre gefühlte Machtlosigkeit gegenüber ihren eigenen Regimen und gegenüber einem Westen, der mit seinen Truppen in der Region nach Belieben ein- und wieder ausmarschierte. Bin Laden machte diese Ohnmächtigen durch einen spektakulären, blutigen Anschlag für einen Moment vermeintlich zu Mächtigen.

Nur: An der Situation der Araber änderte sich in Wirklichkeit nichts. Die korrupten arabischen Autokraten blieben an der Macht, die USA marschierten in den Irak ein, ohne dafür Rechenschaft ablegen zu müssen, an der arabischen Ohnmacht änderte sich nichts. Bin Laden selbst übernahm schließlich zunehmend nur noch die Rolle eines Kommentators von der Seitenlinie.

Es waren die Aufstände in der arabischen Welt, die Al-Kaida zehn Jahre nach den Anschlägen vom 11. September 2001 endgültig ins politische Abseits katapultierten. Als Antithese zu Bin Laden demonstrierten die Araber friedlich bis zum Sturz ihrer Regime für Brot, Würde und Demokratie. In wenigen Wochen wandelten sich die Tunesier und Ägypter durch ihre Furchtlosigkeit und Beharrlichkeit von Ohnmächtigen zu Mächtigen und wurden in der gesamten arabischen Welt zum Symbol der Veränderung. Mit anderen Worten: Bin Laden war 2011 politisch auf dem Tahrir-Platz gestorben, bevor er in Pakistan von US Navy Seals tatsächlich erschossen wurde. Die überreife Frucht des Baumes war zu Boden gefallen.

Wie der IS entstand

Und ein neuer Keimling kam an die Oberfläche. Dessen Wurzeln reichen zurück in die Gefängnisse der US-Besatzer im Irak. Im Wüstengefangenenlager Camp Bucca in der Nähe der südirakischen Stadt Basra war am Eingang eine US-Fahne aufgepinselt. Auf Englisch und Arabisch stand dort: „Ein Geschenk des amerikanischen Volkes an das irakische Volk." Hier war bis 2009 alles versammelt, was gegen die US-Truppen im Irak Widerstand geleistet hatte oder in Verdacht stand, das getan zu haben: die Hardcore-Dschihadisten Al-Kaidas im Irak, die unter der Führung Musab Al-Zarqawis die US-Truppen mit Terror überzogen, und viele Tausende ehemalige, militärisch gut ausgebildete Offiziere von Saddams einstiger Armee, die von den US-Besatzern aufgelöst worden war. Das sollte sich als einer der größten Fehler der US-Besatzungsbehörden herausstellen. Einer der Gefangenen war Abu Bakr Al-Baghdadi. Camp Bucca war der Brutkasten für die gesamte spätere Führungsriege des sogenannten „Islamischen Staates". Und die US-Truppen im Irak waren der Geburtshelfer.

Der zweite Geburtshelfer des IS war der syrische Diktator Baschar Al-Assad. Zunächst hatte er Angst, nach der US-Invasion im Irak als nächstes Ziel auf der amerikanischen „Regime-Change-Liste" zu stehen. Also entließ er einige radikale Islamisten aus seinen Gefängnissen, baute mithilfe seines Geheimdienstes deren Netzwerke auf und schickte sie ins Nachbarland Irak, um sich dort den Dschihadisten Al-Zarqawis anzuschließen. Die Idee: Solange die USA im Irak beschäftigt waren, würden sie nicht auf dumme Gedanken in Syrien kommen. Mit dem Beginn des Aufstandes gegen das syrische Regime 2011 gab es vereinzelte Berichte, dass Assad weitere radikale salafistische Gefangene freiließ, um die Dschihad-Fraktion innerhalb der syrischen Rebellen zu stärken und sich seine Opposition zurechtzuschneidern. Schließlich ließ sich sein brutaler Kampf gegen jeglichen Dissens einfacher rechtfertigen, wenn die Opposition als militant islamistisch und sein Unterdrückungsapparat als vorderste Front im Antiterrorkampf porträtiert werden konnte. Es war der alte, übliche Reflex arabischer Diktatoren, ihre Repression zur Erhaltung ihrer Macht als Antiterrorkampf zu tarnen.

Aber der entscheidende Faktor für die Stärkung des IS in Syrien war der Bürgerkrieg selbst. Nachdem die Opposition und die Rebellen jahrelang Mord und Totschlag, Folter und Unterdrückung erlebt hatten, war naturgemäß unter ihnen nicht mehr viel moderates Gedankengut übrig. Die Rebellen folgten meist einer islamistischen Ideologie und wurden dabei zunehmend radikaler.

Hinzu kam: Weil die Golfstaaten eine Alternative zu Assad aufbauen wollten, die sie selbst kontrollierten, wurden sie schnell zu den größten Waffenlieferanten und Geldgebern für die Rebellen. Dadurch wurden die Islamisten unter den Rebellen die bestausgerüsteten und bestbezahlten Einheiten und begannen die Rebellenszene zu dominieren. Es trat ein Verstärkungseffekt ein: Je radikaler die Rebellen wurden, umso mehr schreckten sie andere Geldgeber ab. Am Ende blieben fast nur noch die Golf-Geldgeber und radikale Rebellen übrig. Ableger von Al-Kaida dominierten die Szene. Aber die radikalste unter den Gruppierungen war der IS.

Damit hatten die Golfstaaten einen Geist aus der Flasche gelassen, den sie nicht nur keineswegs kontrollierten, sondern der sich am Ende auch gegen sie wandte. Denn die erzkonservativen Islamvorstellungen einiger Golfmonarchien waren dem IS beileibe nicht radikal genug.

All das, die Freilassung radikaler Salafisten aus Assads Gefängnissen, deren Unterstützung aus den Golfstaaten und die brutalen Erfahrungen des Bürgerkrieges, führte dazu, dass eine zunehmende Zahl von Rebellen den IS als Erlöser ansah. Der „Islamische Staat im Irak und in Syrien" war geboren, oder ISIS, wie er anfangs genannt wurde. Der kontrollierte zwischenzeitlich nicht nur die sunnitischen Teile des Irak, sondern auch weite Teile Nordost-Syriens von seiner Hochburg Raqqa aus.

Die militärische Front

Der Siegeszug des sogenannten „Islamischen Staates“ vom syrischen Raqqa aus ist bekannt. Die Eroberung der irakischen Stadt Mossul war für IS-Chef Baghdadi das, was für Bin Laden der 11. September gewesen war: Sie setzte seiner Mission die Krone auf. Fast ohne Widerstand war Mossul in die Hände der radikalen Islamisten gefallen, eine Stadt größer als Wien, München oder Hamburg. Am 29. Juni 2014 rief Baghdadi von dort das Kalifat des „Islamischen Staates“ aus und ernannte sich selbst zum Kalifen, zum Befehlshaber der Muslime und obersten Führer des „Islamischen Staates“. Später rückte der IS in den sunnitischen Gebieten des Irak in der Provinz Anbar noch bis wenige Dutzend Kilometer vor Bagdad vor. In seiner größten Ausdehnung entsprach das Territorium des „Islamischen Staates“ der Fläche von Großbritannien. Der IS schien damals unaufhaltbar.

Das erste Mal an der Front zum IS stand ich im August 2014. Man brauchte kein Fernglas, um den Ort auszumachen, an dem sich die vermeintlich heiligen Krieger verschanzt hatten. In einem Grünstreifen, gerade einmal drei Kilometer entfernt, befanden sich die Kämpfer des „Islamischen Staates“. Wenig dahinter lagt der Ort Jalawla, den die irakische Armee ihnen zwei Monate zuvor kampflos überlassen hatte.

Die Stellung der Peschmerga, der Armee der kurdischen Autonomiegebiete im Irak, lag auf einer Anhöhe. Die Luft flimmerte. Der Wind schlug einem wie ein Heißluftfön entgegen, nur staubiger. Es waren locker 50 Grad in der Sonne. Ein Dutzend Peschmerga-Kämpfer hatten sich vor einem Container zusammengezwängt, im einzigen Schatten. Drei von ihnen hielten Wache, den Grünstreifen in der Ebene im Blick.

Es hatte fast etwas von Karl Mays „Durchs wilde Kurdistan“, wie sie da standen, manche in traditionellen weiten Hosen, die mit einem breiten Gürtel oben zusammengebunden waren, und mit ihren Tüchern, turbanartig um den Kopf geschlungen. Andere trugen Uniformen, wieder andere eine Mischung aus beidem. Alle sahen leicht verwegen aus, die Kalaschnikow über der Schulter.

Aber das hier war keine der Fantasie entsprungene Folklore-Veranstaltung, sondern ein echter Krieg. Und der Gegner in der Ebene war nicht zu unterschätzen. „Das sind keine wilden Krieger, das ist eine hochdisziplinierte, schlagkräftige Truppe, vor der ich großen Respekt habe. Die sind richtig gut“, erklärte mir der Peschmerga-Oberst Adel Nuri. Der Feind sei exzellent ausgebildet und gehe logistisch intelligent vor, beschrieb er sein Gegenüber. Die Kommandeure des IS im Ort Jalawla bestünden aus einer Mischung aus Ausländern und ehemaligen irakischen Offizieren der Armee Saddam Husseins. Und diese Offiziere wüssten, wie man eine moderne Armee taktisch einsetze.

Der Gegner, sagte Oberst Nuri, sei extrem gut ausgerüstet. „Sie haben modernste Waffen, die sie aus den Beständen der irakischen Armee erbeutet haben.“ Allein in Mossul hatte der IS ein zurückgelassenes, modernes Waffenarsenal für 70.000 Soldaten mitgenommen. „Davon können wir Peschmerga nur träumen“, sagte Oberst Nuri. Der Gegner besitze alles, was das Herz eines modernen Kämpfers begehre, „Panzer, Raketenwerfer und gepanzerte Geländefahrzeuge, die keine Panzerfaust durchschlägt“.

Verglichen damit wirkten die alten Kalaschnikows und das schwerere Kriegsgerät der Kurden, das meist aus den Beständen der alten irakischen Armee von vor 20 Jahren stammte, museumsreif. Oberst Nuris Hoffnungen lagen in den Lieferungen moderner Waffen aus den USA und Frankreich. In Erbil seien bereits welche angekommen, in ein paar Tagen dürften sie die in den Händen halten. „Wir können es gar nicht erwarten. Wir werden uns dann hier ganz neu aufstellen", sagte er und wechselte das Thema: Drüben, sagte er, befänden sich im Moment drei Leichen seiner Peschmerga. Die würde er gerne gegen drei Gefallene des IS austauschen, die noch im Kühlraum des Krankenhauses in Khanaqin lägen. Aber das hier sei ein Krieg, in dem nicht verhandelt werde.

Das Gebiet, in dem die Stellung von Oberst Nuri lag, war von großer strategischer Bedeutung. Hier, im Nordosten, nahe der iranischen Grenze, befand sich der einzige Korridor, der die nordirakischen kurdischen Gebiete mit Bagdad und der dortigen regulären Armee verband. Und dieser Korridor war gerade einmal 15 Kilometer breit. Abgesehen davon waren der Süden des Landes und die nördlichen Gebiete der Kurden durch ein Gebiet getrennt, das der IS kontrollierte. Zu dieser Zeit wurde der Vormarsch des IS erstmals von den Kurden und einer damals noch ziemlich unorganisierten irakischen Armee aufgehalten. Beide wurden später massiv aufgerüstet und bekamen Luftunterstützung durch die von den USA angeführte, neu gegründete Anti-IS-Koalition.

Die Beiträge der Luftwaffen der internationalen Anti-IS-Koalition haben sicherlich auch zur Wende des militärischen Blattes beigetragen. Noch wichtiger waren aber die Bodentruppen der kurdischen Peschmerga, die neu in Antiterroreinheiten formierte irakische Armee und die schiitischen irakischen Milizen, die, gelenkt vom Iran, gegen den IS ins Feld geschickt wurden. Der IS trat militärisch auf, also musste er militärisch besiegt werden. Aber das allein war und ist eine zu kurzsichtige Strategie gegen die militanten Islamisten.

Was den IS groß gemacht hat

Denn um einen Gegner bekämpfen zu können, muss man ihn zuallererst verstehen. Und um den „Islamischen Staat" zu verstehen, muss man in einem Geschichtsbuch blättern, nicht im Koran, und die Nachrichten der letzten Jahre aus Syrien und dem Irak Revue passieren lassen. Um Missverständnissen vorzubeugen: Den IS zu verstehen bedeutet nicht, ihm Verständnis entgegenzubringen. Es ist nur die Voraussetzung dafür, eine zielgerichtete Gegenstrategie gegen den Terror zu entwickeln.

Und die kann nicht allein in militärischen Antworten liegen. Im Westen hängt man der Fantasie nach, mit militärischer Kraft die geopolitische Landkarte verändern, ja befrieden zu können. Das hatte schon im letzten Irakkrieg Anfang der 2000er Jahre offensichtlich nicht funktioniert. Genauer gesagt war der IS sogar ein Ergebnis dieses westlichen Versuchs, militärische Kräfteverhältnisse von außen und gemäß den eigenen Interessen zu verändern.

In vielerlei Hinsicht war der IS, ähnlich wie die Rückkehr der arabischen Autokraten, ein Aufbäumen der alten arabischen Welt. Der IS versprach mit seiner anachronistischen Weltsicht den Arabern, alles werde gut, wenn nur ein Kalifat entstünde, das die Epoche des Propheten Mohammed kopierte, die vor 1400 Jahren zu Ende gegangen ist. Gleichzeitig erlebten wir die Neuauflage autokratischer Regime wie in Ägypten, wo man in ungewissen Zeiten die Rettung im alten, bereits gescheiterten Konzept der Allmacht der Militärs sah. Und dann waren da noch die Golfmonarchien, die versuchten, ihre hoffnungslos überalterten autokratischen Strukturen über die Zeit zu retten, und die über ausreichend Petrodollars verfügten, um dieses rückschrittliche Projekt zu finanzieren. Alt ist, nebenbei bemerkt, auch der internationale Ansatz, der immer noch meint, in üblicher Manier die Dinge allein mit militärischen Einsätzen lösen zu können.

Drei Dinge haben den IS groß werden lassen. Er entstand erstens, weil die despotischen arabischen Regime vor allem ihrer Jugend keinerlei Perspektiven boten und bieten, aktiv ihre Gesellschaft mitzugestalten. Außer für Syrien und den Irak gilt das insbesondere für das Auslaufmodell der Ölmonarchien. Viele arabische Regierungen haben den Extremismus, den sie nun zu bekämpfen vorgeben, durch ihre repressive Politik gefördert. Repression durch arabische Regime und die islamistische Militanz bedingen sich geradezu gegenseitig und schaukeln sich hoch. Die arabischen Despoten waren der wichtigste Wegbereiter des IS.

Zweitens waren die Erfolge der Dschihadisten auch ein Ergebnis westlicher Politik und jahrzehntelanger kolonialer und postkolonialer Demütigung der Region, durch die das Selbstbewusstsein der Menschen auf dem Nullpunkt angelangt ist. Das ist die Basis, auf der religiöse Rattenfänger erfolgreich eine Utopie vermarkten können, die die Zeit um Jahrhunderte zurückdrehen möchte.

Das bringt uns zum dritten Faktor des Erfolgs des IS. Er wurzelte auch im herrschenden gegenwarts- und zukunftsvergessenen religiösen Diskurs, der einst entstand, um Öldespotien am Golf und allen voran Saudi-Arabien mit ideologischem Überbau zu versorgen.

Alle drei Faktoren befruchten sich natürlich gegenseitig. Die Einflussnahme des Westens war ja nur so groß, weil dieser sich seit Jahrzehnten auf Despoten stützt, die seine Interessen lokal vertreten und als Garanten der Stabilität auftreten. Saudi-Arabien, eines der autokratischsten Länder der Region und das wohl frauenfeindlichste der Welt, ist bis heute einer der wichtigsten Verbündeten der USA und

Europas in der Region. Der westliche Stabilitätswunsch, die arabischen Repressionsapparate und die Beschäftigung der Menschen mit erzkonservativen religiösen Formeln und Verhaltensregeln hatten ein gemeinsames Ziel: den Status quo zu wahren. Das wird mit Blick auf den gegenwärtigen Zustand der Region oft unterschätzt. Dazu in diesem Buch später mehr.

Die Schreckensherrschaft des IS

Aber zumindest der militärische Kampf gegen den IS war von Erfolg gekrönt. Das erste Mal persönlich erlebt habe ich das im Oktober 2016, als ich mit einem Konvoi der Antiterroreinheiten der irakischen Armee in den Ort Bartella fuhr, nordöstlich von Mossul. Die Straßenzüge waren wie leergefegt: Die Bewohner des Dorfes waren zwei Jahre zuvor geflohen, als die Dschihadisten des „Islamischen Staates" das Dorf eingenommen hatten. Erst wenige Tage vor meiner Ankunft hatte die irakische Armee den Ort, in dem mehrheitlich christliche Iraker lebten, vom IS wieder zurückerobert.

Allerdings konnte noch keiner der ursprünglichen Bewohner heimkehren. Überall lauerten Sprengfallen, die der IS zurückgelassen hatte. Und so wiesen uns die irakischen Soldaten, die wir begleiteten, immer wieder darauf hin, nur auf den vorgegebenen Pfaden zu bleiben, die die Armee bereits geräumt und gesichert hatte. „Geht auf keinen Fall in eines der Häuser", warnten sie.

Wie ein Symbol für die Herrschaft des IS über das vornehmlich christliche Dorf wirkte die völlig verwüstete Kirche. Der Altar war ein Schlachtfeld, die elektronische Kirchenorgel lag zerschmettert am Boden, Scherben waren rund um die Kanzel verstreut. Alles, was nicht niet- und nagelfest war, war mitgenommen worden. Wie zum Trotz läuteten nun die Kirchenglocken den Tag eins nach der IS-Herrschaft ein.

Weiterfahrt nach Nawara, rund 18 Kilometer nördlich von Mossul, wo die kurdischen Peschmerga gegen den IS kämpften. Eigentlich war am Tag zuvor ausgemacht worden, dass wir die kurdischen Kämpfer zu einem anderen eroberten Dorf, nur zwei Kilometer entfernt, begleiten könnten. Aber ein paar Stunden zuvor hatte sich dort ein in einem Tunnel versteckter IS-Kämpfer vor einer Gruppe von Peschmerga in die Luft gejagt. Sechs von ihnen, fünf Mitglieder einer Familie, kamen dabei ums Leben.

Ein paar Kilometer weiter in Richtung des friedlicheren Nordens befand sich das Nargazliya-Aufnahme- und Registrierungslager für jene meist sunnitische Zivilbevölkerung, die in den Dörfern verblieben war und die jetzt aus den Fängen des IS fliehen konnte. Die Peschmerga trennten die Männer von ihren Familien, ihr Geheimdienst befragte sie – und verbot uns, mit den Flüchtlingen zu diesem Zeitpunkt Kontakt aufzunehmen. Man wolle sichergehen, dass sich auf diesem Wege keine IS-Kämpfer einschleichen, begründete das Militär das Abschirmen der sunnitischen Flüchtlinge.

Mit einem der Männer ergab sich dennoch ein kurzes Gespräch. Das Leben im sogenannten „Islamischen Staat" sei furchtbar gewesen, erzählte Salah Ibrahim. Die Frauen mussten sich vollverschleiern. Die Schule war geschlossen. „Wir haben so vor uns hinvegetiert. Wir durften nichts haben, kein Handy, keinen Fernseher. Es war verboten, sich zu rasieren. Und du wurdest gezwungen, in die Moschee zu gehen. Wenn du nicht beten gingst, musstest du umgerechnet 40 Euro zahlen oder du wurdest ausgepeitscht", sagte er.

Dann wurde unser Gespräch unterbrochen, ein Peschmerga-Offizier schickte die Journalisten weg. Die Neuankömmlinge sollten noch am selben Tag in ein anderes Lager gebracht werden, sagte er noch. Für den Sunniten Salah und seine Familie begann an diesem Tag ihr Leben außerhalb der IS-Herrschaft – ein neues Leben in der Ungewissheit.

Ende August 2017, also genau drei Jahre nach meinem ersten Besuch an der IS-Front, war es dann so weit: Wir fuhren in das befreite Mossul. Nach strengen Kontrollen ging es über eine Pontonbrücke zum westlichen Ufer des Tigris. Viele Gebäude auf der anderen Seite waren durch Luftangriffe oder Granateneinschläge zerstört. Es waren nur wenige Fahrzeuge auf der Straße unterwegs. Einige Wenige hatten mit den Aufräumarbeiten begonnen. Aber so richtig würden die Menschen erst damit anfangen können, wenn die Armee ihre Häuser, oder was davon übrig war, für sicher erklärte. Dazu aber musste sie sie noch auf Sprengfallen des IS durchsuchen.

Im Al-Gedidia-Viertel in Mossul lebte Abdallah Al-Agha. Er war so etwas wie ein Stadtteilältester, jemand, der in den Tagen des Krieges und der IS-Herrschaft versucht hatte, informell sein Viertel zu organisieren. „Der Neuanfang aber war schwer. Es gab immer noch kein fließendes Wasser, Strom kam, wenn es denn überhaupt welchen gab, von den Generatoren, die überall in den Straßen knatterten. Wir fühlten uns von der Regierung alleingelassen", sagte Abdallah. Gleichzeitig zeigte er Verständnis, dass diese mit der Rückeroberung anderer IS-Gebiete noch andere Prioritäten habe.

Um zu zeigen, wie das normale Leben langsam wieder in Gang kam, führte er uns zur Tripolis-Mädchenschule. Das Gebäude war vom Krieg nur leicht beschädigt. Das improvisierte Eingangstor bestand aus einem Gitterzaun. Auf dem Schulhof erinnerte ein zerschossenes Auto an die Kämpfe. Einige der Klassenzimmer waren immer noch nicht bezogen. Die Fensterscheiben waren zerbrochen, auf dem Boden lagen Scherben. Im Zimmer der Direktorin Fawzia Qassem zog sich ein langer Riss die Wand entlang. Ein Überbleibsel der Druckwellen benachbarter Explosionen in den Zeiten des Krieges. „Eigentlich wären jetzt Sommerferien, aber wir geben einen Intensivunterricht in drei Schichten. Und das ohne Strom und Wasser bei bis zu 50 Grad Hitze. Wir haben praktisch bei null anfangen müssen. Wir haben selber aufgeräumt, die Schule hergerichtet", erzählte sie stolz.

In den zweieinhalb Jahren IS-Herrschaft waren nur wenige Mädchen in die Schule gegangen. Der IS hatte neue Lehrpläne gemacht und eigene Bücher eingeführt. Viele der Mädchen gingen dann einfach nicht mehr hin. Wer eigentlich in der neunten Klasse sein müsste, war jetzt in der siebten. Und statt 30 Schülerinnen in der Klasse – wie in den Zeiten vor dem Krieg – befanden sich bis zu 90 in einem Klassenraum. Die Schulen, die geöffnet hatten, mussten die Schülerinnen aufnehmen, deren Schulen zerstört waren.

Trotz aller Schwierigkeiten war der Enthusiasmus der Mädchen groß. „Ich bin aus einem der Flüchtlingslager gekommen. Als ich gehört habe, dass meine alte Schule wieder geöffnet hat, habe ich meinen Vater überzeugt, dass wir aus dem Lager wieder hierher zurückkommen, damit ich kein weiteres Jahr versäume", erzählte mir die 14-jährige Rafran Murshid. Sie sei sogar alleine nach Mossul zurückgekehrt, inzwischen sei aber auch der Rest ihrer Familie da. Sie wolle übrigens einmal Journalistin werden, sagte sie.

Viele der Schülerinnen hatten traumatische Erlebnisse während des Krieges. Die 15-jährige Schaher Maher hatte mit ihrer Familie während der gesamten Zeit der IS-Herrschaft und auch des Krieges Mossul nicht verlassen. „Auf dem Dach unseres Hauses waren in den Kriegstagen IS-Scharfschützen stationiert", erzählte sie. „Wir waren wie menschliche

Schutzschilde. Wir hatten wahnsinnige Angst, dass die amerikanischen Bomben auf unser Haus fallen. Wir haben das den Scharfschützen gesagt, aber das war ihnen egal."

Der Eifer der Schülerinnen war groß, nach all der verlorenen Zeit nun endlich durchzustarten. „Nach drei Jahren Rückständigkeit, Ignoranz und Zerstörung glauben wir daran, jetzt endlich voranzukommen und eine gute Ausbildung zu machen. Wir werden uns nie wieder einsperren lassen. Wir werden unser Land wieder aufbauen", sagte Rahma Muhammad. Ihr Berufswunsch: Krankenschwester.

Am schlimmsten waren die Zerstörungen in der Altstadt von Mossul. Die Gassen wirkten wie eine Geisterstadt. Es bot sich ein Bild der totalen Verwüstung. „Dresden oder Aleppo", war der Gedanke, der mir durch den Kopf schoss, als ich durch die Straßen lief. Der Preis für die Befreiung Mossuls war hoch. Die IS-Kämpfer hatten sich in den engen Gassen wochenlang zu ihrer letzten Schlacht verschanzt. Die irakische Armee mit ihren Granatwerfern war ebensowenig zimperlich wie die US-Luftwaffe. Es gibt keine verlässlichen Zahlen, wie viele Zivilisten, Soldaten und IS-Kämpfer hier in den Zeiten des Krieges umgekommen sind.

Durch die Trümmer der Häuser zu wandern, war zu gefährlich. Dort lauerten immer noch nicht entschärfte Sprengfallen des IS. Kaum ein Haus war unbeschädigt, viele waren komplett in sich zusammengefallen. Den Einwohnern war es deswegen bis zu diesem Zeitpunkt nicht gestattet worden, dorthin zurückzukehren. Zumal sich in den Ruinen immer noch einzelne Dschihadisten versteckt hielten. Deshalb patrouillierten nur Einheiten der irakischen Bundespolizei und bewaffnete Männer der vorwiegend schiitischen Volksmilizen durch die Straßen. Nur sehr vereinzelt stießen wir auf Menschen, die nachsahen, was von ihrem alten Leben noch übrig war.

Der IS war zu diesem Zeitpunkt mit Ausnahme eines kleinen Gebietes am Euphrat, direkt an der syrischen Grenze, aus dem Irak vertrieben. Doch die Herausforderungen der Post-IS-Zeit waren bereits an vielen Orten auszumachen. Etwa in einem Flüchtlingslager, das ich wenige Monate vor der Befreiung Mossuls besucht hatte. Das Zeltlager Salamiya lag südlich der Stadt. Auf den ersten Blick herrschte dort das ganz normale irakische Flüchtlingselend: eine Reihe Zelte nach der anderen, so weit das Auge reichte. Dazwischen spielten ein paar Kinder auf den staubigen Wegen. Die meisten hatten sich bei 44 Grad in den Schatten ihrer Zelte geflüchtet.

Aber manche Einwohner des Lagers hatten einen ganz speziellen Hintergrund. Man nannte sie die irakischen Daesch-Familien – die Familien des IS, des „Islamischen Staates". Sie bestanden fast nur aus Frauen und Kindern. Ihre Väter, Männer oder Söhne hatten für den IS gearbeitet und waren entweder umgekommen oder gefangengenommen. Iman Darwish bat in ihr Zelt, in dem ihre sieben Kinder auf Matten saßen. Das wenige Hab und Gut der Familie steckte in zwei Taschen in der Ecke des Zeltes. Daneben gab es nur noch einen Spirituskocher, einen Topf, einen Teekessel, einen Wasserkanister und eine zerschlissene Schultasche mit einem Mickymaus-Aufdruck. Die Familie kam aus einem Dorf in der Nähe von Mossul. Iman, mit braunbeigem Kopftuch, ihr Gesicht mit einem rosa Tuch bedeckt, erzählte ihre Geschichte. Adel, ihr Mann, habe ursprünglich bei der Elektrizitätsgesellschaft gearbeitet. Nachdem der IS in ihr Dorf kam, habe er vom irakischen Staat keinen Lohn mehr bekommen. Um nicht zu verhungern, habe er beim IS als Koch angeheuert und dort gearbeitet, bis er bei einem Bombardement ums Leben kam. „Er war nie ein IS-Kämpfer", insistierte Iman. „Er konnte gar nicht kämpfen, er konnte sich nur mit Mühe bewegen und nichts Schweres schleppen. Er hat einfach nur für den IS gekocht", erklärte sie.

Ein paar Zelte weiter lebte eine andere IS-Familie, Fawziya Farah mit ihren Kindern. Auch sie stammte aus einem Dorf in der Nähe von Mossul. Ihr Mann hatte beim Erziehungsministerium gearbeitet und ebenfalls keinen Lohn mehr bekommen, nachdem sein Dorf unter IS-Kontrolle fiel. „Was hätten wir machen sollen, hätten wir verhungern sollen?", antwortete Fawziya auf die Frage, warum ihr Mann beim IS war. „Er hat das gemacht, damit wir überleben. Er war kein Kämpfer, er hatte keine Uniform und keine Waffe. Er hat nie an irgendeiner Schlacht teilgenommen. Er war nur Wächter", fügte sie hinzu. „Mein Mann hat niemandem etwas zuleide getan." Diese Geschichten, wie ich sie später noch oft zu hören bekam, waren nicht nachprüfbar. Niemand wollte beim IS gewesen sein und wenn doch, dann nur als Koch oder Fahrer.

Im Lager lebten aber beide Seiten eine prekäre Koexistenz. IS-Familien und IS-Opfer Zelt an Zelt. Am Ende der Zeltgasse von Fawziya wohnte Aisha Salem mit den Angehörigen, die von ihrer Familie übrig waren. „Ich habe meinen Mann verloren, gleich am Anfang, als der IS kam. Er war Dorfvorsteher. Der IS hat ihn mitgenommen und umgebracht", erzählte sie und zeigte auf ihrem Handy ein Foto ihres Mannes. Und das seiner Leiche. „Und dann, zehn Tage bevor uns die irakische Armee befreit hat, haben sie auch noch meinen Sohn mitgenommen." Er habe versucht, das IS-Gebiet zu verlassen und sich der irakischen Armee anzuschließen, um bei der Befreiung seines Dorfes mitzuhelfen. Und dann kam die Nachricht, dass er ermordet worden sei.

Mitten im Gespräch brach Aisha weinend ab. Es sei ihr einfach alles zu viel. In ihr altes Haus könnten sie nicht zurück, das habe der IS konfisziert und sich dort eingerichtet.

Ohne Mann und Sohn wisse sie nicht, wie sie ihre Familie durchbringen solle. Jeden Tag, sagte sie, sehe sie die IS-Lagerbewohner, und fügte hinzu: „Ich bete jeden Tag zu Gott, dass er sie zur Rechenschaft zieht."

Die Kinder des IS

Fast fünf Jahre lang hatten allein die USA bei der militärischen Bekämpfung des IS täglich 12,5 Millionen Dollar ausgegeben. Die Kosten des gesamten, einst von George W. Bush 2002 ausgerufenen Antiterrorkampfes werden auf 2,4 Billionen Dollar geschätzt. So viel hat Washington seitdem für Sicherheitsmaßnahmen und Militäreinsätze im Namen des Antiterrorkampfes ausgegeben. Umso verwunderlicher ist, dass nach dem Ende des IS-Kalifats politisch und finanziell kaum mehr in die dringenden Probleme der Nach-IS-Zeit investiert wurde und wird, um die Reste des IS-Systems vernünftig abzuwickeln und sicherzustellen, dass keine neue militante islamistische Bewegung entsteht. Und auch die Europäer haben sich hier kein Ruhmesblatt verdient, vor allem, was die Rücknahme ihrer eigenen Staatsbürger angeht.

Die wohl offenste Wunde der Nach-IS-Zeit ist das Lager Al-Hol, in dem die internen Flüchtlinge aus dem IS-Kalifat festgehalten werden, ausländische und einheimische IS-Kämpfer und deren IS-Familien. Das Lager, das sich im Nordosten Syriens in der Nähe der irakischen Grenze befindet, war von Anfang 2019 bis Anfang 2020 von 10.000 auf ca. 70.000 Menschen angewachsen. Nach UN-Angaben leben dort 96 Prozent Frauen und Kinder. Der BBC-Journalist Quentin Sommerville beschrieb im April 2019 das Lager als „einen Behälter, der vor Ärger und unbeantworteten Fragen überläuft". Viele, auch europäische Länder, haben sich aus Sicherheitserwägungen geweigert, ihre Staatsbürger zurückzunehmen, haben das Problem einfach den Kurden überlassen und ansonsten den Kopf in den Sand gesteckt. Womit das Problem dieser Menschen als Sicherheitsproblem alles andere als gelöst war.

Diese gefangenen IS-Familien sind eine tickende Zeitbombe. Ein Großteil sind glühende Anhänger des IS geblieben, und wer sich gegen diese Position stellt, muss im Lager mit Bestrafung seitens der anderen Insassen rechnen. Das größte Problem sind die Kinder, die dort schon für den nächsten „heiligen Krieg" ideologisch indoktriniert werden. „Je länger die Kinder dort bleiben, umso wahrscheinlicher ist es, dass hier die nächste Generation des ‚Islamischen Staates' heranwächst", schloss die „Washington Post" im Januar 2020 in einem Editorial. Nach UN-Angaben waren zu diesem Zeitpunkt die Hälfte der in Al-Hol lebenden Kinder unter fünf Jahre, 80 Prozent unter zwölf Jahre alt. Hier wachsen schon wieder die Wurzeln des nächsten Baumes.

Im Oktober 2019 hatten die im Nordosten Syriens von den Kurden geführten Syrian Democratic Forces (SDF) verkündet, dass es in sieben verschiedenen Lagern noch 12.000 Menschen in Haft gebe, die unter dem Verdacht stünden, IS-Kämpfer gewesen zu sein. Neben Syrern und Irakern waren darunter auch 2000 Kämpfer aus 50 verschiedenen Ländern, 800 von ihnen westlichen Ursprungs, der Rest meist aus anderen nahöstlichen und nordafrikanischen Ländern.

Auch im Irak stellen die Reste des IS und ihre Familien eine große Herausforderung dar. „Diejenigen, die untergetaucht sind, müssen durch Geheimdienstarbeit ausfindig gemacht werden", erklärte mir im November 2019 der irakische Sicherheitsexperte Said Jiaschi, der das Zweistromland-Zentrum für Strategische Studien in Bagdad leitet. Es müsse ein enormer sicherheitspolitischer, rechtlicher und psychologischer Aufwand betrieben werden, um diejenigen im IS-Umfeld, die vor Gericht gestellt werden müssen, von jenen zu trennen, deren Köpfe von militanten und radikalen Ideen freigemacht und in die Gesellschaft reintegriert werden können. Der ideologische Einfluss, den der IS vor allem auf Kinder gehabt habe, sei enorm, erklärte er. Die Möglichkeiten des Irak seien dabei begrenzt, und es gebe andere Prioritäten, etwa die Infrastruktur in den vom IS befreiten Gebieten wieder aufzubauen und dort für Stabilität zu sorgen, warnte er. All das werde Jahre dauern.

Im April 2018 besuchte ich im Bagdader Viertel Karkh ein Waisenhaus. Dort lebten 60 der sogenannten IS-Kinder, die im Irak aufgegriffen worden waren. Es war ein Waisenhaus, in dem sich die Mitarbeiter und Mitarbeiterinnen offensichtlich sehr liebevoll um diese Kinder kümmerten. „Wenn die Kinder ankommen, sind sie oft in einem schwierigen psychologischen Zustand. Viele haben Albträume, manche sind auch gewalttätig. Es dauert ziemlich lange, bis wir sie in ihre Kindheit zurückholen können", beschrieb Nagad Schaker, die Direktorin dieses Waisenhauses, die Situation. Dann führte sie uns durch das Gebäude, unter der Bedingung, dass wir mit keinem der Kinder direkt sprechen. In einem Raum klimperte gerade eines der Kinder auf einem Klavier. Vom oberen Teil des Pianos blickte eine Reihe lächelnder, knallroter Teddybären auf den Kleinen herab. Eine Gruppe Kinder wartete, bis sie drankamen, ein paar Minuten am Klavier zu sitzen. Es sah zwar spielend leicht aus, aber hier verlief eine der wichtigsten Fronten gegen den IS.

Andere Kinder waren zuvor aus den Waisenhäusern bereits zurück in ihre Heimatländer geschickt worden. „Ein Dutzend tschetschenische Kinder, ein paar aus Aserbeidschan, eines wurde in Koordination mit der Botschaft nach Frankreich geschickt", erzählte die Direktorin.

Oft würden die Kinder nach ihren Eltern fragen, sagte sie. „Wenn sie jünger sind, sagen wir ihnen, dass ihre Eltern bei einem Unfall umgekommen sind. Die älteren wissen natürlich, dass ihre IS-Eltern im Krieg getötet wurden. Wir geben ihnen viel Zuneigung, damit sie das alles vergessen."

In einem anderen Raum lief arabische Musik. Viele der Kinder, vor allem die Mädchen, tanzten durch den Raum. Für ein paar Momente wurden sie zurückgeholt in die Welt einer ganz normalen Kindheit. Andere saßen auf den Stühlen im Kreis und starrten in die Leere. Sie schienen sich in ihre eigene Welt zurückgezogen zu haben. Viele ausländisch aussehende, auch blonde, Kinder waren dabei. Welche Nationalitäten sich dort genau befanden, wollte die Direktorin des Waisenhauses nicht verraten.

Abeer Al-Schalabi war damals die Inspektorin für alle Waisenhäuser im Irak. Sie lud mich in ihr Büro in Bagdad ein. „Diese Kinder haben den IS mit eigenen Augen gesehen. Wenn wir uns nicht darum kümmern, dann wird daraus etwas Schlimmeres als der IS. Das sind schließlich seine Schüler gewesen. Wir arbeiten hart daran, sie zu resozialisieren", fasste sie die delikate neue Aufgabe ihrer Waisenhäuser zusammen. Das geschehe vor allem mit Dingen, die in den Augen ihrer radikalen Eltern zuvor „haram", also islamisch verboten, waren, zum Beispiel Musik und Tanz. „Alles war für sie verboten. Fünfjährige Jungen haben zum Beispiel nicht mit den Erzieherinnen geredet, weil sie Frauen sind. Manche der kleinen Mädchen haben ihre Puppen verschleiert, sodass man nur ihre Augen sehen konnte. Manche haben sich nicht getraut, fernzusehen, weil sie gelernt hatten, dass das Teufelswerk sei", beschrieb Abeer. Über 1500 solche Kinder gab es zu diesem Zeitpunkt im

Irak. Manche lebten mit ihren IS-Eltern im Gefängnis, andere wurden auf die Waisenhäuser des Landes verteilt.

„Ich habe mit einem zehnjährigen tschetschenischen Mädchen geredet. Sie sagte, sie möchte nie wieder, dass jemand vor ihren Augen getötet wird. Jetzt, sagte sie, fühle sie sich besser, weil sie kein Blut mehr sehen müsse", erzählte Abeer. Ein anderes Mädchen hatte ihre Eltern und ihre beiden Geschwister in einem Anti-IS-Bombardement verloren. „Sie sagte, die irakische Armee habe ihre Eltern umgebracht, ich antwortete ihr, dass ihre Eltern in den Irak gekommen seien, um uns Iraker und unsere Kinder umzubringen. Bei einem späteren Besuch sagte sie dann, dass sie ihre Eltern hasse, weil sie das getan haben", blickt Abeer zurück.

In Wirklichkeit weiß niemand so genau, was in diesen kleinen Köpfen vorgeht: Die Kinder wurden vom IS befreit, indem ihre Eltern getötet wurden. „Die Kinder haben keinerlei Verantwortung für das, was sie getan haben, wir behandeln sie nicht als Kinder des IS, sondern als Opfer des IS. Aber es wird lange dauern, bis sie vergessen können, was sie erlebt haben", ist sich die Chefinspektorin der Waisenhäuser sicher. Diese Kinder haben mehr erlebt, als vielleicht so manch Erwachsener aushalten kann. Ihre Seelen zu heilen, ist ein wichtiger Teil des Antiterrorkampfes. Vielleicht sogar wichtiger als mancher militärische Einsatz.

Hoffnung in Falludscha

Ein weiterer wichtiger Gradmesser dafür, wie erfolgreich der Kampf gegen den IS war und ob der IS vielleicht doch wieder aufersteht, ist der Umgang der Zentralregierung in Bagdad mit den Sunniten des Landes. Denn deren Entfremdung und Ausschluss vom politischen System hatte dem IS im Irak den Nährboden bereitet. Manche Sunniten sahen im IS ihre sunnitische Schutzmacht gegen den wachsenden Einfluss schiitischer Parteien und Milizen.

Wie sieht es also aus im sogenannten sunnitischen Dreieck im Westen des Irak nach der Befreiung vom IS? Um das herauszufinden, fuhr ich im Mai 2018 in die aus den Schlagzeilen berüchtigte Stadt Falludscha. Das sunnitische Todesdreieck, so nannte man diese Gegend. Die Provinz Anbar, in der Falludscha liegt, ist eine gute Autostunde westlich von Bagdad entfernt. Nachdem US-Truppen den Irak 2003 besetzt hatten, entwickelte sich Falludscha zu deren Albtraum. Die Stadt wurde zur Hochburg und zum Symbol des Kampfes gegen die Besatzung. Später entstand dort Al-Kaida im Irak. 2014 wurde die Provinz ohne großen Widerstand vom „Islamischen Staat" überrannt, bevor sie zwei Jahre später Stück für Stück wieder von der irakischen Armee zurückerobert werden konnte. In all dieser Zeit war Falludscha für westliche Journalisten eine No-go-Area. Die Gefahr, entführt zu werden, war einfach zu groß. Jetzt konnte man die Reise wieder wagen.

Schon am Ortseingang wartete eine Überraschung. Kurz hinter der zerbombten Schnellstraßenbrücke, die zur Stadt führte, prangte ein Ortseingangsschild: „Ich – Herzchen – Falludscha", stand dort geschrieben. Eine kuriose Liebeserklärung an einen Ort, der vor allem durch Krieg und Terror weltweit bekannt geworden war.

Der erste Gang in die Stadt führte zum lokalen Polizeichef, einem freundlich wirkenden Mann. „Die Stadt ist völlig sicher. Seit der Rückeroberung vom IS hat es hier keinen einzigen Anschlag gegeben", stellte Polizeioberst Jamal Latif erst einmal fest. Das Wichtigste sei jetzt die Arbeit der Geheimdienste, um eventuelle Schläferzellen des IS auszumachen. Dabei sei die Zusammenarbeit zwischen den Einwohnern der Stadt und den Sicherheitskräften ganz hervorragend. Latif wirkte entspannt, wie er seinen Mokka schlürfte und mit seinen Untergebenen und einer Reihe Besuchern aus der Stadt Witze riss.

Bei der anschließenden Fahrt durch Falludscha ließen sich die Folgen des Krieges aber nicht übersehen. Zu beiden Seiten der Einfallstraße fanden sich immer wieder Ruinen zerbombter Häuser. Eine der großen Moscheen war voller Einschusslöcher. Staatliche Gelder zum Wiederaufbau gab es nicht, nur wer privat über genügend Mittel verfügte, konnte sein Haus wieder aufbauen. Und das geschah. An vielen Orten wurde gemauert, gehämmert, verputzt und gestrichen.

Eine Straßenecke wirkte geradezu wie das Sinnbild Falludschas. Auf der einen Seite waren die Schatten der Vergangenheit zu sehen: ein Gebäude, das wie ein Kartenhaus in sich zusammengestürzt war. So sehen Häuser aus, die aus der Luft bombardiert wurden. Hier seien IS-Kämpfer stationiert gewesen, erzählten die Nachbarn. An der anderen Ecke stand die Hoffnung auf die Zukunft: eine kleine Villa, in der sich die lokale Parteizentrale einer sunnitischen Partei befand. Die Sunniten hätten sich früher aus dem politischen System ausgeschlossen gefühlt, erzählte dort Ahmad Al-Jumeili, der lokale Chef der „Partei der Nationalen Zukunft“. Jetzt hätten die Menschen wieder das Gefühl, sie könnten durch politische Arbeit etwas erreichen, glaubte er. „Es gibt ein neues Verständnis bei der Zentralregierung in Bagdad, alle miteinzuschließen, auch uns in der Provinz Anbar“, sagte er. Wenngleich die Probleme Falludschas nicht zu verleugnen seien, allen voran die Arbeitslosigkeit und die fehlenden Mittel für den Wiederaufbau. Aber alles zusammengerechnet sei er optimistisch, dass es ab jetzt mit Falludscha bergauf gehe, erklärte Ahmad Al-Jumeili. Zwischen den Ruinen herrsche Aufbruchstimmung.

In einem Café traf ich Ahmad Haqi, einen vor allem unter Jugendlichen bekannten Dichter und Intellektuellen. Zwei Mal war er vom „Islamischen Staat" eingesperrt worden, einmal, weil man ihm linkes Gedankengut vorwarf, und einmal, weil er seinen Bart abrasiert hatte. Ahmad Haqi hatte Glück, er kam jedes Mal wieder frei. Manche seiner besten Freunde hatte er das letzte Mal im IS-Gefängnis gesehen. Die Zeit des IS sei wie ein Filmdrama gewesen, meinte er rückblickend. „Wir wurden in diesen Film reingezogen, hatten aber gleichzeitig immer das Gefühl, wir schauen nur zu. Wir wussten immer, dass der Film einmal zu Ende geht, aber, anders als im Kino, hatten wir keine Ahnung, wann", schilderte er die bittere Zeit. Sowohl der Polizeichef als auch der Lokalpolitiker hatten betont, dass der IS ein auswärtiges Phänomen gewesen sei. Die Einwohner Falludschas oder doch „zumindest 90 Prozent von ihnen" hätten die Terrorherrschaft nie unterstützt.

Stimmt das wirklich? Ist der IS in der hiesigen Gesellschaft, die doch so für ihre strenge Auslegung ihrer Religion und für ihre von Stammestraditionen getragenen Vorstellungen bekannt ist, tatsächlich besiegt?, fragte ich Ahmad Haqi. Er zögerte mit seiner Antwort. „Der IS, das sind nicht nur die Kämpfer und ihre Waffen. Ihr schlimmster Sprengstoffgürtel, das ist ihre Ideologie, und die ist immer noch vorhanden, wenngleich in geringerem Ausmaß. Es war sehr dunkel und es wird langsam heller", erwiderte er vage. Einiges habe sich nicht geändert, etwa die Jugendarbeitslosigkeit. „Der IS hatte die Jugendlichen damals hier in ihrer Leere abgeholt. Die Jugend hat eine Menge Energie, die raus muss. Der IS hat diese Energie ausgenutzt und gesagt, los, kommt zu uns, wir brauchen euch. Er hat zu den Jugendlichen, die in den Cafés herumsaßen, gesagt, hier hast du eine Arbeit, eine Frau und ein monatliches Gehalt. Das hat bei einigen funktioniert." Der IS sei weg, aber die Leere sei immer noch da, warnte er. „Aber eigentlich bin ich doch optimistisch, was die Zukunft Falludschas angeht", sagte er, dann machte er eine Pause, deutete auf seinen Kopf und machte eine kreisende Handbewegung. „Aber irgendwas hier in meinem Kopf sagt mir, vielleicht könnte da noch ein anderer Film kommen."

Später an diesem Tag traf ich die drei Freunde Odai Al-Khatib, Ali Al-Baghdadi und Ahmad Azami. Sie alle waren Mitte Dreißig. Sie wollten nicht zurückblicken oder sich vor neuen Filmen fürchten. Sie waren gerade dabei, eine neue Radiostation aufzubauen: „Radio Falludscha FM". Ihr sehr bescheidenes Studio befand sich im ersten Stock eines Gebäudes in der Innenstadt. Ali Al-Baghdadi, der noch einmal betonte, dass er trotz seines Nachnamens nicht mit dem IS-Chef verwandt sei, zog den Regler am Mixer hoch und einer der neuen irakischen Hits erklang. Die Zeiten, als Musik in Falludscha vom IS als Teufelswerk verpönt war, die waren vorbei.

Die drei Freunde hatten schon einmal eine Radiostation in Falludscha gehabt, die sie 2007 gemeinsam aufgebaut hätten, erzählte Ali Al-Baghdadi. Das Ganze sei dann aber jäh unterbrochen worden, als der IS im Januar 2014 über die Stadt hereinfiel. „Damals hat der IS unser Studio ausgeräumt und alle Geräte gestohlen", sagte er. Er sei dann mit seinen Freunden in den Norden geflohen. Sobald der IS in Falludscha besiegt gewesen sei, seien sie zurückgekommen. Ali verkaufte ein Stück Land, um das Studio wieder einzurichten. „Wir haben praktisch wieder bei null angefangen", sagte er.

Unterdessen kündigte der Moderator Ahmad Azami ein Musikstück nach dem anderen an. „Wir machen alles, um wieder auf die Beine zu kommen. Mit unserer Radiostation hoffen wir, das wirkliche Gesicht der Stadt Falludscha zu zeigen", sagte er. Wie das denn genau aussehe, fragte ich. „Die Menschen hier möchten in Frieden leben. Sie lieben das Leben. Wir möchten von dem Image wegkommen, dass Falludscha die Stadt des Todes, des Krieges und des Terrorismus ist. In dieser Stadt gibt es Künstler, Maler, Bildhauer, Theaterleute und Dichter. Das ist ein Hort der Kreativität", zählte er begeistert auf. Sie wollten einfach nur vergessen und endlich ein normales Leben in Falludscha leben.

Und wenn man dann von der Radiostation kommend über den benachbarten Markt spazierte, war es leicht, die turbulente Vergangenheit der Stadt hinter sich zu lassen. Marktschreier priesen lautstark Obst und Gemüse an, das von den Kunden genau begutachtet wurde. Der Metzger verjagte verzweifelt die Fliegen. Ein ganz normaler orientalischer Markt in einer Stadt, die sich so sehr nach Normalität sehnte.

Aufbruch in die Zukunft

Auch an der Universität in der benachbarten Provinzhauptstadt Ramadi mit ihren 18.000 Studenten war die vergangene Zeit allgegenwärtig. Mehrere Lehrgebäude waren vom Krieg beschädigt. Die Hälfte des Komplexes der Politologen und Wirtschaftswissenschaftler war bei einem Luftangriff weggesprengt worden. Der IS hatte den Uni-Campus als Stützpunkt genutzt. Über die Wege zwischen den teilweise zerstörten Lehrgebäuden zog eine feierliche Prozession von Ingenieursstudenten und -studentinnen, die ausgelassen singend und tanzend ihre Graduierung feierten. Es war ein besonderer Moment, denn es waren die ersten Studierenden, die seit den Zeiten des IS hier ihren Abschluss machen konnten. Die graduierten Frauen der Ingenieurswissenschaften mit ihren Talaren und viereckigen, schwarzen Doktorhüten waren geradezu die gelebte Antithese zur IS-Vergangenheit - genauso wie die Tatsache, dass auch die Kunstakademie ihre Arbeit wieder aufgenommen hatte.

Junge Frauen zeichneten Skizzen oder saßen malend vor ihren Staffeleien. „Der Andrang ist groß", sagte der Bildhauer-Lehrmeister Maath Khalil im Nebenraum. „Früher hatten wir keine Studentinnen an der Kunstakademie, das entsprach auch lange vor dem IS nicht den konservativen Vorstellungen in der Provinz. Aber das hat sich in der Post-IS-Zeit gewaltig geändert, heute haben wir mehr Studentinnen als Studenten", schilderte er und führte uns in einen völlig verwüsteten Saal nebenan. Hier wurde früher Theater gespielt und der Saal diente auch als Kino. „Die IS-Leute haben zunächst alle Geräte und Scheinwerfer abmontiert und geplündert, und was übrigblieb, haben sie kaputtgeschlagen", erzählte Maath Khalil und zeigte mit einer ausschweifenden Handbewegung einmal quer durch das einstige Kulturzentrum Ramadis. Im Moment gebe es leider kein Geld, um den Saal wieder herzurichten, sagte er.

Dann kam der Musiklehrer Aiham Muhsen mit seiner arabische Laute in den Raum, stellte einen Stuhl in die Mitte, stützte seinen Fuß auf ein im Saal herumliegendes Stück Styropor und begann seine Oud zu spielen, eine gute Viertelstunde lang, bevor er schließlich absetzte. „Ich wollte einfach genau an diesem Ort zeigen, dass die Kunst über den IS gesiegt hat", erklärte er und zog seines Weges.

Eine der Studentinnen an der Universität war Ayat Al-Fahadawi, auch sie ein Symbol für die Aufbruchstimmung. Die junge Frau war seit einigen Monaten die erste professionelle Fotografin in der ganzen Provinz Anbar mit ihren 1,5 Millionen Einwohnern. Von der Universität führte sie uns in das Fotostudio in der Innenstadt Ramadis, in dem sie, in dieser Gegend alles andere als selbstverständlich, mit ihren männlichen Kollegen zusammenarbeitete.

Zunächst wurde sie hauptsächlich zu Anlässen nur mit Frauen gerufen. „Die fühlen sich einfach wohler mit einer Fotografin", sagte Ayat. Aber inzwischen arbeite sie überall. Er habe sie eingestellt, weil sie die mit Abstand beste Bewerberin gewesen sei, und das habe er keine Minute lang bereut, erzählte der Besitzer des Studios. „Die Menschen reagieren meist überrascht. Wie kommt es, dass da eine Frau mit einer Kamera unterwegs ist oder im Studio arbeitet? Aber sie haben sich langsam an mich gewöhnt", fasste Ayat ihre Erfahrungen zusammen. „Die erste Frage ist stets: Erlaubt deine Familie das eigentlich? Dann sage ich immer, dass meine Familie sehr stolz auf mich sei", schilderte Ayat die Reaktionen auf ihr Auftreten.

Wenn sie draußen, außerhalb des Studios, fotografiere, dann am liebsten in der Natur und am allerliebsten am Euphrat in der unmittelbaren Nachbarschaft ihres Wohnortes, eine halbe Autostunde außerhalb von Ramadi. Tatsächlich zeigt sich der Fluss hier auf dem Land zwischen den Feldern von seiner malerischsten Seite.

Ayat wies auf ihr Geburtshaus, von dem nur noch die Grundmauern standen. „Der IS hat es in die Luft gesprengt, weil mein Vater bei der Polizei ist", sagte sie und deutete auf einen Kachelboden: „Das hier war mein Zimmer." Als der IS kam, gelang ihrer Familie eine abenteuerliche Flucht nach Bagdad. Dort lebte sie bis zur Befreiung Ramadis. Nun war die Familie zurück. Ayat, ihr Bruder und ihre Eltern lebten jetzt im Haus ihres Onkels. Geld, ihr altes Haus wieder aufzubauen, hatten sie nicht.

Wie denn die Nachbarn in dieser sehr konservativen Gegend darauf reagieren, dass seine Tochter als Fotografin arbeite, fragte ich ihren Vater, der auf einer Matratze im Garten zwischen Dattelpalmen saß, für die die Euphrat-Region so berühmt ist. Viele aus der Provinz seien vor dem IS geflohen und hätten in dieser Zeit in Bagdad, in den kurdischen Städten im Nordirak oder in der Türkei zwei Jahre lang, bis zur Befreiung und ihrer Rückkehr, in einer weniger konservativen Umgebung gelebt, erzählte er. „Das hat unsere einst geschlossene, konservative sunnitische Stammesgesellschaft in Anbar geöffnet. Die Menschen hier sind toleranter geworden", beschrieb er die Entwicklung. „Der IS", sagte er und grinste, „hat also genau das Gegenteil von dem erreicht, was er wollte."

„Es gibt ein irakisches Sprichwort: Je größer das Problem, umso größer die Kreativität", meinte Ayat. Vielleicht sei sie genau deswegen hier Fotografin geworden. Ein paar hundert Meter vom Haus ihres Onkels entfernt stand eine andere ausgebombte Ruine. „Das waren einst unsere Nachbarn, die mit dem ‚Islamischen Staat' gemeinsame Sache gemacht haben. Von diesem Haus aus haben sie auf uns geschossen", erinnerte sich die 20-Jährige und richtete ihre Kamera auf das zerstörte Haus, dessen graue Zementüberreste langsam vom Grün der Pflanzen überwuchert wurden. „Immer wenn ich so etwas fotografiere, konzentriere ich mich nicht auf die Zerstörung, sondern auf das neue Leben, das dazwischen aufkeimt", sagte sie und drückte auf den Auslöser.

Ist das Ende des IS das Ende des Terrors?

Es sollte bis zum 23. März 2019 dauern, bis das Kalifat des „Islamischen Staates" endgültig der Vergangenheit angehörte. An diesem Tag besiegelten die von Kurden angeführten Syrian Democratic Forces (SDF), knapp fünf Jahre nach Entstehung des IS-Kalifats, dessen vorläufiges Ende und eroberten mit dem syrischen Dorf Al-Baghuz das letzte vom IS gehaltene Territorium. Das „sogenannte Kalifat" sei „total eliminiert", twitterte SDF-Sprecher Mustafa Bali an diesem Tag.

Am 27. Oktober des gleichen Jahres verkündete US-Präsident Trump dann, dass IS-Chef Abu Bakr Al-Baghdadi tot sei. Acht US-Hubschrauber mit Spezialeinheiten waren an seinem geheimen Aufenthaltsort Barischa in der nordwestsyrischen Provinz Idlib gelandet. Der IS-Chef sei daraufhin in einen Tunnel geflüchtet, wobei er drei seiner kleinen Kinder mit sich gezerrt habe. Dann habe er die Sprengstoffweste detonieren lassen. „Er ist wie ein Hund, wie ein Feigling gestorben", verkündete Trump triumphierend. Später sollte sich der US-Präsident noch bei vielen Auftritten an seine Weste heften, dass er den meistgesuchten Terroristen der Welt getötet und das IS-Kalifat zu 100 Prozent ausgelöscht habe.

Aber bedeutet das auch ein Ende des IS? Wir wissen aus früheren, ähnlichen Operationen, bei denen Chefs von Terrororganisationen umkamen, dass das noch längst nicht das Ende des Terrors bedeutet. Wir erinnern uns an den Tod des Al-Kaida-Chefs im Irak, Musab Al-Zarqawi, oder später sogar Osama Bin Ladens selbst. Manchmal lebt die Organisation mit anderen, neuen Chefs weiter. Manchmal, wie beim Tod Bin Ladens, verlagert sich der militante Islamismus einfach auf andere, oft noch radikalere und skrupellosere Organisationen. Wir haben erlebt, wie der sogenannte „Islamische Staat" in den internationalen und regionalen Terror-Schlagzeilen Al-Kaida den Rang abgelaufen hat. Für die militanten Dschihadisten galt: Der auf den weltweiten Fahndungslisten meistgesuchte Bin Laden war tot, lang lebe Baghdadi. Und so wird auch nach dem Tod Baghdadis ein neuer Name, vielleicht auch eine neue Organisation auftauchen.

Solange die gleichen Bedingungen herrschen, die es militanten islamistischen Organisationen leicht machen, neu zu rekrutieren, so lange werden sie nicht aussterben, egal wie oft deren Nummer Eins ausgeschaltet wird. Und solche Bedingungen gibt es so viele, wie es Ungerechtigkeiten in der Region gibt. Der IS ist in den US-Gefangenenlagern während der Besatzung im Irak und im syrischen Bürgerkrieg entstanden. Die Saat für die nächste militante Organisation ist wahrscheinlich schon längst in den IS-Gefangenenlagern in Nordost-Syrien aufgegangen oder in den zahlreichen Kerkern in der Region, in denen die arabischen Autokraten jeglichen Dissens weggesperrt haben. Bisher ist der Terror immer schneller nachgewachsen, als er bekämpft werden konnte. Daran ändert auch der Tod Al-Baghdadis nichts. Wie lautete das arabische Sprichwort: „An den Früchten, nicht an den Wurzeln erkennt man den Baum."

Pax Autocratica: Die Heilige Arabische Allianz

Im Besitz der Kunstbibliothek der Staatlichen Museen in Berlin findet sich ein Kupferstich des Künstlers Johann Carl Bock. Darauf zu sehen ist das Triumvirat der „Heiligen Allianz“, die 1815 angetreten war, Europa neu zu ordnen, die alten Monarchien zu bewahren und vor allem, nach dem Sieg über Napoleon, die Folgen der Französischen Revolution einzudämmen. Kaiser Franz I. von Österreich, Zar Alexander I. von Russland und König Friedrich Wilhelm III. von Preußen blicken auf dem Kupferstich angesichts der bevorstehenden schwierigen Aufgabe ernst drein. Der österreichische Kaiser steht in der Mitte und hält zu seiner Linken die Hand des russischen Zaren und zu seiner Rechten die des preußischen Königs. Alle drei tragen dunkle Reiterstiefel, helle Reiterhosen und ihre Gardeuniformen, behängt mit Orden. An ihrer Hüfte hängt jeweils ein mit Quasten verzierter Gardesäbel. Man hatte ja gesehen, wohin das führt, als die Französische Revolution das Prinzip der Volkssouveränität propagierte und damit Recht und Ordnung und die innere und äußere Stabilität erschütterte. Dem wollte man gemeinsam nach dem Wiener Kongress entgegentreten.

Über 200 Jahre später, am 17. Mai 2018, wiederholt sich die Szene an anderem Ort mit anderen Protagonisten, aber inhaltlich der gleichen Idee, die alte Ordnung gegen alle revolutionären Strömungen wiederherzustellen. Es ist kein Kupferstich, sondern ein Foto auf Twitter, das eine neue

„Heilige Allianz", diesmal in der arabischen Welt, zeigt. Der saudische Kronprinz Muhammad Bin Salman, körperlich der präsenteste, legt freundschaftlich seinen Arm auf die Schulter des lächelnden ägyptischen Präsidenten Abdel Fattah El-Sisi und blickt auf ihn hinunter, während zur Rechten der Kronprinz der Arabischen Emirate, Muhammad Bin Zayed, der ältere der Kronprinzen, die beiden fast väterlich gütig ansieht. Zur Linken steht noch der König von Bahrain, Hamad Bin Isa Al Khalifa, der als Einziger in die Kamera blickt und bei der Dynamik der drei anderen etwas ausgeschlossen, wie Staffage wirkt. Abgesehen von ihm, der etwas steif aussieht, ist die Atmosphäre entspannt. Keine Gardeuniformen, betont lässige Freizeitkleidung ist angesagt. Die beiden Kronprinzen tragen zwar ihre traditionelle Kleidung, haben aber Baseballkappen auf, El-Sisi trägt Jeans und ein blaues Poloshirt. Unklar ist, bei welcher Gelegenheit das Foto aufgenommen wurde. Nur dass El-Sisi der Gastgeber war, wird in dem Tweet offengelegt.

Die drei europäischen Monarchen hatten sich infolge des unter der Federführung von Fürst Metternich organisierten Wiener Kongresses zu einer Zweck-Allianz zusammengetan, so eine Art G3-Treffen Europas. Durch sie sollten Umstürze verhindert und sollte die Ordnung erhalten werden, die durch Aufstands- und Unabhängigkeitsbewegungen gefährdet war. Der Gründung der Heiligen Allianz folgte eine Reihe von sogenannten Monarchen-Kongressen. Dort wurden Maßnahmen gegen die bürgerlich-nationale Opposition im Deutschen Bund beschlossen, eine militärische Intervention gegen die bürgerlichen Umwälzungen in Italien und Spanien und gegen den griechischen Befreiungskampf. Kurzum: gegen alle Bewegungen, die sich der bestehenden Ordnung in Europa widersetzten. Natürlich verkauften die Vertreter der europäischen Restauration die Heilige Allianz nicht als ein Bündnis des Rückschritts. Es sollte lediglich eine Bewegung sein, „um allzu hastigen Fortschritt aufzuhalten", der das soziale und politische Gleichgewicht in Europa bedrohte. Jederzeit müsse „im politischen Leben neben dem fortschreitenden auch das aufhaltende Element am Werke sein", wie es der damalige deutsch-österreichische Berater und Ghostwriter von Fürst Metternich, Friedrich von Gentz, formulierte. Die schützenswerte Kontinuität der alten monarchischen Ordnung wurde als Garant für die Stabilität in Europa gesehen.

Als zwei Jahrhunderte später die drei arabischen Ordnungshüter antreten, gab es zuvor keine großen Tanzbälle wie einst beim Wiener Kongress, während derer die Neuordnung Europas informell ausgehandelt wurde. Es gab auch kein offizielles Gründungsdokument dieser neuen Arabischen Heiligen Allianz. Aber de facto verfolgt das Triumvirat ein ähnliches Ziel wie einst die Heilige Allianz in Europa. Es geht den beiden Kronprinzen Muhammad Bin Salman, der in den US-Medien als MBS abgekürzt wird, und Muhammad Bin Zayed, auch MBZ, heute ebenso darum, die in Aufruhr geratene arabische Welt wieder in ihrem Sinne in eine Ordnung zu bringen, die den Status quo ihrer Macht nicht gefährdet. Sie eint die feste Überzeugung, dass die Gesellschaft kein Mitspracherecht besitzt und dass dieser bestenfalls Rechte von oben, sprich von ihnen, gewährt werden. Jeder Versuch, sich diese Rechte von unten zu erkämpfen, ist ihnen zutiefst suspekt.

Aufgeschreckt und zusammengeführt hat sie die Arabellion von 2011, die für die beiden Kronprinzen von Anfang an ein rotes Tuch war. Vor allem hatten die beiden Angst, dass ihre Monarchien nach den Unruhen in Tunesien, Ägypten, Libyen, Syrien und Jemen als nächste auf der Umsturz-Liste stehen könnten. Die Golfautokraten merkten, dass diese populären Bewegungen, egal ob sie säkular oder islamistisch auftraten, eine Bedrohung für sie darstellten. Ihre anachronistische Form der Herrschaft stand vor der Gefahr, im Mülleimer der Geschichte zu landen. Ihre Angst war die gleiche wie die der Könige und Zaren der Heiligen Allianz in Europa zwei Jahrhunderte zuvor.

Zusätzlich alarmierte sie der Aufstieg des IS, den sie einst zwar selbst als Alternative zum syrischen Autokraten Baschar Al-Assad mitgeschaffen hatten, den sie aber schon lange nicht mehr kontrollierten und der sich auch gegen sie, vor allem gegen das saudische Königshaus, wandte.

Hinter den Kulissen: Wie das Militär in Ägypten an die Macht kam

Die größten Sorgen bereitete den Golfmonarchien der Sturz Mubaraks im bevölkerungsreichsten arabischen Land Ägypten, in dem im Sommer 2012 der Muslimbruder Muhammad Mursi gewählt wurde. Es war ein Albtraum für die Golfautokraten. Nun ist es auf den ersten Blick nicht offensichtlich, warum Saudi-Arabien, sozusagen die Mutter des islamischen Fundamentalismus, ein Problem damit hat, wenn andernorts ein anderer islamischer Fundamentalist an die Macht kommt. Das Problem des saudischen Königshauses war, dass hier ein Konkurrent, der seine Politik ebenfalls islamisch rechtfertigte, auch demokratisch legitimiert wurde. Für die Autokraten, denen genau diese Legitimität abgeht, die die Demokratie fürchten wie der Teufel das Weihwasser und die sich als von Gottes Gnaden eingesetzt sehen, ging es hier ums Eingemachte.

Und die Golfautokraten hatten neben dem Problem Mursi noch ein zweites Problem: Die Regierung Barack

Obama in Washington akzeptierte, dass der demokratische Übergang in Ägypten nicht ohne die Muslimbruderschaft möglich war. Die USA unter der Ägide Obamas sahen die Muslimbruderschaft als ein Nebenprodukt der Demokratisierung der Region, das sie nicht mochten, dem sie sich aber auch nicht entgegenstellen wollten.

In den arabischen Medien findet sich wenig über die inneren Befindlichkeiten der Golfmonarchien. Sie stehen entweder in deren Sold oder werden von Regierungen kontrolliert, die sie nicht vor den Kopf stoßen wollen. Die europäischen Medien haben praktisch keinen Zugang in die inneren Kreise der Golfautokraten. Aber mit US-Politikern, Diplomaten und Beratern, die als deren Schutzmacht dort aus- und eingehen, erweisen sich die US-Medien und deren Kontakte als sprudelnder Quell. „Als Mursi in Ägypten gewählt wurde, flippten die Saudis und Emirates regelrecht aus", erinnert sich etwa ein hochrangiger US-Diplomat gegenüber der Zeitschrift „The New Yorker". Dort werden Aussagen ehemaliger US-Beamter zitiert, laut denen der emiratische Kronprinz MBZ und Bandar Ibn Sultan, Direktor des saudischen Geheimdienstes, gemeinsam einen Plot vorbereitet hatten, um Mursi von der Macht zu entfernen. Das Militär in Ägypten begann sich damals schon gegen den Muslimbruder-Präsidenten zu organisieren. Bandar Ibn Sultan und MBZ sollen sich nach Recherche des „New Yorker" an den damaligen ägyptischen Verteidigungsminister General Abdel Fattah El-Sisi gewandt haben und ihm 20 Milliarden Dollar Unterstützung versprochen haben, wenn er das Schreckgespenst Mursi für sie wieder loswird. In Ägypten entstand plötzlich eine vermeintlich unabhängige Jugendbewegung namens „Tamarud", zu Deutsch „Rebellion". Laut Informationen des „New Yorker" sollen es vor allem die Emirate gewesen sein, die diese Bewegung finanziert haben, die monatelang gegen Mursis Regierung Demonstrationen und Veranstaltungen organisierte und für seinen Rücktritt Unterschriften sammelte. Ein ehemaliger Diplomat sagte gegenüber dem „New Yorker", dass die ausländische Unterstützung für die Machtübernahme des Militärs in Ägypten entscheidend war. „Damit El-Sisi sich in Bewegung setzte, brauchte er ein Versprechen, dass er auch Erfolg haben wird", wird er in der Zeitschrift zitiert.

Auch der amerikanische Journalist Robert Worth, der für das „New York Times Magazine" ein ausführliches Porträt des Kronprinzen MBZ geschrieben hat, schlussfolgert, dass die Emirate bei der Machtübernahme der Militärs in Ägypten massiv ihre Finger im Spiel hatten. „Offizielle Stimmen aus den Emiraten schweigen diskret über diese Rolle, aber alle Diplomaten, mit denen ich gesprochen habe, gehen davon aus, dass die Emirate mit El-Sisi vor der Machtübernahme genau durchgesprochen haben, was zu tun sei, damit er ihre finanzielle Unterstützung bekommt", schreibt Worth und zitiert einen ehemaligen Diplomaten mit den Worten: „Es gibt genug Gründe, zu glauben, dass dieser Staatsstreich von MBZ organisiert war."

Fortan verbreitete die Heilige Arabische Allianz ihre Botschaft, dass die Arabellion nur für Chaos gesorgt habe und dass es keinen Sinn habe, die Dinge von unten verändern zu wollen, denn das sei ein nutzloses und sogar gefährliches Unterfangen. Vor allem eines wurde ihr Dauermantra: Nur die Autokraten können für die nötige Stabilität sorgen. Es war eine Botschaft für die arabische öffentliche Meinung und für den Westen, dessen Unterstützung sie suchten.

MBZ, der Kopf der Konterrevolution

Nun hatte das Duo, der Saudi MBS und der Emirati MBZ, für ihre Heilige Allianz mit dem Ägypter El-Sisi den dritten im Bunde gewonnen. Wer aber sind diese beiden Kronprinzen, die das Heft an sich gerissen haben, die Region neu zu ordnen? MBZ in Abu Dhabi ist so etwas wie der Kopf der arabischen Konterrevolution, sozusagen der arabische Fürst Metternich. Er ist federführend in der Restauration. Er leitet die Geschicke der Vereinigten Arabischen Emirate, obwohl nominell immer noch sein älterer Bruder Khalifa Bin Zayed das Staatsoberhaupt ist, der sich aber nach einem Schlaganfall de facto aus dem politischen Tagesgeschäft zurückgezogen hat. Anders als der saudische Kronprinz MBS hält sich MBZ dabei aber meist außerhalb des Rampenlichts. Er meidet internationale Treffen, seien es formelle wie die UN-Generalversammlung oder informelle wie Davos. Derweil herrscht er über eines der reichsten Länder der Welt mit einem Pro-Kopf-Bruttoinlandsprodukt von fast 68.000 Dollar. Zum Vergleich: In Österreich liegt dieses Einkommen bei über 45.000 Dollar, in Deutschland leicht darunter. Der Reichtum entspringt den Öl- und vor allem Gasvorkommen des Landes, von denen die Ökonomie aber dank mehrerer Staatsfonds, die 2019 1,2 Billionen Dollar schwer waren (nein, Sie haben sich nicht verlesen, es sind 1200 Milliarden), inzwischen weniger abhängig ist. Städte wie Abu Dhabi und Dubai mit ihren glitzernden Wolkenkratzerkulissen stellen dabei so etwas wie das arabische Übermorgenland dar. MBZ hat geholfen, in den Emiraten eine Art arabisches Singapur aufzubauen: „reich, effizient und autoritär", beschreibt ihn die Zeitschrift „The New Yorker". Autoritär ging er vor allem gegen die Muslimbruderschaft vor, die MBZ als die größte Gefahr für die Region betrachtet. Laut einem der veröffentlichten Wikileaks-Dokumente hatte MBZ im Jahr 2004 einer US-Delegation erklärt, dass sich sein Land in einem Kulturkampf mit der Muslimbruderschaft befinde. In den Emiraten selbst hat er alle Sympathisanten dieser Organisation aus den Ämtern entfernen und zum Teil wegsperren lassen.

MBZ ist geradezu besessen von seiner Sichtweise, dass die Muslimbruderschaft der Grund allen Übels in der Region sei. Dabei stieß er direkt mit der Ansicht des außenpolitischen Teams des ehemaligen US-Präsidenten Barack Obama zusammen. In Washington war man mit dem Ausbruch der Arabellion zu der Erkenntnis gelangt, dass die Muslimbruderschaft eine moderate islamistische Organisation sei, die den Marsch durch die demokratischen Institutionen angetreten habe, ein fester Bestandteil des politischen Systems in der arabischen Welt sei und damit auch ein Teil des demokratischen Übergangs sein müsse. MBZ ließ bei allen Besuchen ausländischer Politiker in seinem Emirat keine Gelegenheit aus, diesen Ansatz Obamas als naiv zu bezeichnen. In Washington zeigte man sich in dieser Zeit dagegen zunehmend genervt von MBZs Besessenheit in Sachen Muslimbruderschaft. Denn man war dort überzeugt, dass ein Ausschluss der Muslimbruderschaft aus den politischen Systemen der arabischen Welt nur undemokratisch und durch massive Repression durchgesetzt werden könne und das zu einer gefährlichen Polarisierung der Region führen würde.

Mit der Wahl Donald Trumps änderte sich das. Anders als sein Vorgänger Obama hat Trump ein offenes Ohr für die Sichtweise von MBZ. Die Vertreter der Emirate in Washington haben einen massiven Einfluss auf die Trump-Regierung, nicht nur über ihren Botschafter Yousef Al Otaiba, sondern auch über zahlreiche amerikanische Lobby- und PR-Firmen, die sie finanzieren.

Muhammad Bin Zayed, der Kronprinz der Emirate, ist so etwas wie der ältere Mentor des jüngeren saudischen Kronprinzen Muhammad Bin Salman. Beide, MBZ und MBS, haben eines gemeinsam. Sie sind die wahren Regenten ihrer Länder, wo sie nominell doch eigentlich nur Kronprinzen sind. Ihr Verhältnis, in dem MBZ den Senior-Berater von MBS spielt, stellt auch das traditionelle Verhältnis zwischen den Emiraten und Saudi-Arabien auf den Kopf: Die Emirate waren immer der Junior-Partner der Saudis auf der Arabischen Halbinsel und das große Saudi-Arabien spielte immer die erste Geige. MBS und MBZ würden fast jeden Tag telefonieren, erzählte Richard Clarke, der ehemalige Antiterror-Berater der US-Präsidenten Obama und Bush, dem „New Yorker". Die beiden teilten auch ihre geopolitischen Ansichten. Auch MBS sah die Muslimbrüder als „Kräfte des Teufels" und beide betrachteten den Iran als ihren größten Feind.

MBS, der Hitzkopf der Heiligen Allianz

Der Aufstieg von MBS zum Kronprinzen Saudi-Arabiens war ein turbulenter. Er begann damit, dass der saudische König Salman Ibn Abd Al-Aziz etwas tat, das im Königreich ein Novum darstellte. Er leitete einen Generationenwechsel ein. Nur ein Jahr nach seiner Thronbesteigung setzte er seinen älteren Bruder als Kronprinz ab und bestimmte, dass an dessen Stelle sein Neffe Muhammad Ibn Naif und damit erstmals ein Enkel des Staatsgründers Abd Al-Aziz Ibn Saud das Amt übernimmt. Seinen eigenen, erst 30-jährigen Sohn MBS machte er damals zum Vizekronprinzen und Verteidigungsminister. Bei Audienzen des Königs war MBS den Besuchern zuvor schon immer aufgefallen, weil er, meist in der zweiten Reihe sitzend, immer eifrig mitschrieb. Der BBC-Korrespondent Frank Gardner dachte bei einem dieser Treffen, dass es sich bei dem Mann in der zweiten Reihe um einen Sekretär des damaligen Kronprinzen handelte. Doch zur Überraschung des Journalisten stellte sich der Mann in der hinteren Sitzreihe nach dem Treffen mit den Worten vor: „Sie haben eben mit meinem Vater gesprochen." Das mit dem fast streberhaften Mitschreiben scheint MBS schon als Teenager gemacht zu haben. Joseph Westphal, der US-Botschafter in Riad zwischen 2013 und 2017, erzählte dem „New Yorker" von einem Video, das ihm einmal gezeigt wurde. MBS war dort als Teenager mit seinen zwei Brüdern und seinem Vater beim Besuch eines Industriekomplexes zu sehen. Während alle anderen uninteressiert und passiv durchmarschierten, stellte MBS zahlreiche Fragen und schrieb alles auf.

Geschrieben hat er immer, zunächst persönliche Notizen, um zu lernen, später Anweisungen. Beim letzten Besuch des US-Präsidenten Obama in Saudi-Arabien im April 2016 saßen sich der damalige US-Präsident und König Salman Ibn Abd Al-Aziz gegenüber, während ihre Berater neben ihnen saßen. Einer von Obamas Mitarbeitern erzählte dem „New Yorker", dass Obamas Berater bemerkten, dass es jedes Mal eine Weile dauerte, bis der 80-jährige König auf eine Frage oder einen Einwand Obamas antwortete. MBS saß mehrere Plätze weiter links und schrieb auf seinem iPad. Immer wenn er fertig war, schaute der König dann auf sein iPad, blickte auf und antwortete Obama.

Am 21. Juni 2017 verbreitete der saudische Fernsehsender Al-Arabiya einen bizarren, nur 25 Sekunden dauernden Filmausschnitt. Kronprinz Ibn Naif und Vizekronprinz Bin Salman kommen in einem schmucklosen Raum zusammen. Drei Sekunden später küsst MBS die Hand Ibn Naifs.

„Ich huldige dir", erklärt der stehende Ibn Naif, während MBS weitere drei Sekunden später auf die Knie fällt und sofort wieder aufsteht. Das Ganze hat etwas Verwirrendes, denn der Huldigende steht und der, dem gehuldigt wird, kniet. Der Altersunterschied zwischen dem 57 Jahre alten Ibn Naif und dem 31-jährigen MBS verleiht dem Ganzen ebenfalls den Eindruck umgekehrter Vorzeichen. Ibn Naif sagt weiter: „Möge Gott dich unterstützen", und wiederholt: „Ich huldige dir in guten wie in schlechten Zeiten". Dann ist es vorbei. Damit ist MBS der neue Kronprinz. Die beabsichtigte Bildsprache ist klar. Ibn Naif gibt zwar seine Macht an MBS ab, doch indem Bin Salman auf die Knie geht und später demütig zu Boden blickt, will er seinen Respekt demjenigen gegenüber bekunden, dem er seine Macht genommen hat. Das Ganze hat etwas Gekünsteltes, Hastiges, wie eine schnell improvisierte Choreografie. Ibn Naif fühlt sich offensichtlich nicht wohl in seiner Haut. Auch MBS will es möglichst schnell hinter sich bringen, denn in der ganzen, weniger als eine halbe Minute dauernden Show braucht er in Wirklichkeit nur die eine Aussage Ibn Naifs, dass dieser sich MBS als neuem Kronprinzen unterwirft.

Viel wurde in den darauffolgenden Wochen darüber spekuliert, wie es zu dieser Szene kam. Saudische und amerikanische Quellen berichten übereinstimmend, dass Naif zu einem Treffen mit dem König gerufen worden war. Dort nahm man ihm das Handy ab und forderte ihn auf, abzudanken. Als er sich weigerte, soll er gezwungen worden sein, stundenlang zu stehen. Für Ibn Naif eine äußerst schmerzhafte Angelegenheit, denn er litt an den Folgen eines Selbstmordanschlags, den Al-Kaida 2009 gegen ihn verübt hatte, weil es Naif gewesen war, der als Geheimdienstchef den Kampf gegen Al-Kaida in Saudi-Arabien koordinierte. Er überlebte den Anschlag, hatte aber fortan mit gesundheitlichen Folgen und ständigen Schmerzen zu kämpfen. Am Ende lenkte er ein, dankte ab und verschwand von der politischen Bildfläche.

Dem ehrgeizigen MBS stand jetzt nichts mehr im Weg. Sein greiser Vater überließ ihm de facto die Regierungsgeschäfte. Seitdem fährt MBS dreigleisig. Gesellschaftlich und wirtschaftlich gibt er sich als Reformer. Innenpolitisch konsolidiert er gnadenlos seine Macht und lässt keinerlei Dissens zu. Und außenpolitisch in der Region hat er sich als Hardliner erwiesen.

Die zwei Gesichter des MBS

Wie sich Saudi-Arabien unter MBS tatsächlich gesellschaftlich geöffnet hat, jenseits des Rechts für saudische Frauen, sich ans Steuer eines Autos setzen zu dürfen, konnte ich bei einem Besuch in der saudischen Stadt Dschidda im Sommer 2018 erleben. Es brauchte nur einen kurzen abendlichen Spaziergang an der Corniche, der Küstenstraße der Hafenstadt am Roten Meer, um alle Stereotypen über Frauen in Saudi-Arabien ins Wanken zu bringen. Ja, die Mehrheit trug immer noch schwarze Abayas, das traditionelle islamische Überkleid, oder den Vollschleier Niqab. Aber viele hatten nur noch ein Kopftuch auf, und dann waren da immer wieder vereinzelt meist jungen Frauen, die kichernd in Gruppen dahinschlenderten und denen die abendliche, kühle Meeresbrise durchs offene saudische Frauenhaar wehte. Doch damit nicht genug. Immer wieder radelten ein paar Frauen gemächlich den breiten Radweg entlang, und es gab sogar Joggerinnen.

Die Altstadt von Dschidda ist das Symbol des alten Saudi-Arabien. Der Flair der Hafenstadt an der alten Handelsroute am Roten Meer ist mit den verfallenen Konsulaten hier ebenso zu spüren wie der einstige Reichtum der Häuser, die früher einmal begüterte Pilger auf ihrer Fahrt nach Mekka beherbergten. Aber die alten Gassen mit ihren morschen Maschrabiyya-Balkonen aus dunklem Holz haben auch etwas Ursprüngliches. Die in anderen Altstädten üblichen Restaurants, Coffeeshops und Boutiquen gibt es hier noch nicht, genauso wenig wie Touristen.

Bei meinem Besuch sprach ich mit ein paar Alten, die vor ihren Häusern saßen und Palaver hielten. „Veränderungen sind normal. Wir können uns nicht von der Welt abschotten. Aber wir müssen auch unsere islamischen Prinzipien aufrechterhalten. Wenn jemand grenzenlos öffnet, ist das ebenso falsch, wie wenn er sich komplett abschottet", meinte der Rentner Sami Salama und lehnte sich auf der alten Bank, über die ein Teppich gebreitet war, zurück. Dass Frauen nun per Dekret des Kronprinzen Auto fahren dürfen, fanden die alten Herren in Ordnung. Das sei wirklich überfällig gewesen, meinte Salama. Genauso, dass es immer mehr berufstätige saudische Frauen gebe. Aber an der Sache mit der männlichen Vormundschaft auf den saudischen Ämtern gebe es nichts zu rütteln, die sei schließlich in der Scharia festgelegt. „Ich wünschte, die Veränderungen kommen langsam. Das geht mir alles etwas zu schnell", sagte Salama zum Abschluss.

Aber MBS hat für die Frauenrechtlerinnen des Landes durchaus auch seine Schattenseiten. Denn wie viele Rechte er ihnen zugesteht, möchte er ganz alleine steuern. So kam es zu dem Paradox, dass er einerseits die saudische Gesellschaft öffnete, aber gleichzeitig eine Reihe von Frauenrechtlerinnen wegsperren ließ, die schnellere und größere Schritte forderten und dafür auch Kampagnen starteten. Frauen in Saudi-Arabien werden einerseits neue Welten eröffnet, aber sie müssen immer noch vorsichtig sein mit dem, was sie sagen. Denn gesellschaftlich mag einiges ins Rollen gekommen sein, politisch ist das Land starr.

MBS ist wenig zimperlich, wenn es darum geht, seine Macht zu konsolidieren. Im November 2017 inszenierte der neue Kronprinz eine saudische Nacht der langen Messer. Kurz zuvor hatte er ein neues Antikorruptionskomitee geschaffen, dem er selbst vorstand. Dieses Komitee hatte das Recht, jeden saudischen Staatsbürger zu überprüfen und zu verhaften, sein Guthaben einzufrieren und ihm ein Ausreiseverbot zu erteilen. MBS fackelte nicht lange. Er ließ mehrere hundert Menschen, darunter mindestens elf hochrangige Prinzen, vier amtierende Minister und Dutzende ehemalige Minister unter dem Vorwurf der Korruption verhaften und stellte sie im Luxushotel Ritz-Carlton in Riad unter Hausarrest. Bei den dort stattfindenden Verhören, die sich zum Teil über Wochen zogen, wurden den Verhafteten Beweise ihrer Taten vorgelegt. Am Ende wurde meist gegenseitiges Schweigen vereinbart und die Verhafteten kamen auf freien Fuß, wenn sie eine unter Zwang vereinbarte Summe bezahlten. MBS vermarktete das Ganze als Kampf gegen Korruption, der, so behauptete er, dem Staat mehrere hundert Milliarden Dollar eingebracht habe.

Sicherlich hat es dabei wahrscheinlich selten die Falschen getroffen, denn Korruption und Misswirtschaft sind in Saudi-Arabien im System eingebaut. Aber weder die Anklagen noch das Freikaufen entsprang irgendeiner Rechtsstaatlichkeit. Das Ganze verlief vollkommen intransparent. Es gab weder Haftbefehle noch offizielle Anklagen oder Gerichtsprozesse – das ist ein Grund dafür, dass MBS sich den Einwand gefallen lassen musste, dass es ihm hier hauptsächlich darum gegangen sei, seine Rivalen im eigenen Land auszuschalten. Allein die Tatsache, dass er eine

Privatjacht im Wert von einer halben Milliarde Dollar besitzt, macht auch MBS nicht erhaben über den Vorwurf, sich selbst am staatlichen Ölquell bereichert zu haben.

Die Ereignisse rund um das Ritz-Carlton stellten alles auf den Kopf, was in dem Wüstenstaat bis dahin als sicher galt. Beispielsweise, dass es in Saudi-Arabien zwar einen König gab, dieser aber in Wirklichkeit kein absoluter Herrscher war. Die bisherigen Könige hatten immer versucht, bei allen wichtigen Entscheidungen einen breiten Konsens in der Familie Saud zu finden. Nun hatte MBS einem Teil der Familie Saud offen den Krieg erklärt. Das war ein absolutes Novum in der Geschichte Saudi-Arabiens.

Ein ehemaliger hochrangiger US-Beamter sagte gegenüber dem „New Yorker": „Niemand hätte gedacht, dass MBS in seiner eigenen Familie aufräumen und gegen das religiöse Establishment und gegen mächtige Geschäftsleute vorgehen kann, aber genau das hat er getan." Und er fuhr fort: „Der Erfolg zu Hause hat ihn davon überzeugt, dass er Ähnliches auch außerhalb schaffen kann. MBS war immer eine Kombination aus Vision, Selbstüberschätzung und Arroganz. Für mich ist das Problem, dass MBS von seinen Erfolgen lernt, nicht aber von seinen Fehlern, und das ist gefährlich."

Vor allem außenpolitisch hat MBS zusammen mit seinem Kronprinzen-Kollegen MBZ in der Region zahlreiche abenteuerliche Fronten eröffnet. Dabei verfolgt das Kronprinzen-Duo vor allem drei Ziele. Die beiden wollen sicherstellen, dass in der arabischen Welt keine neue Aufstandsbewegung mehr stark wird, die ihnen gefährlich werden kann, egal ob säkular oder islamistisch motiviert. Bei den Islamisten konzentrieren sie sich vor allem auf ihre sunnitische Konkurrenz, die Muslimbruderschaft. Was sich jedoch immer mehr in den Vordergrund drängte, waren und sind die Bestrebungen, den Einfluss ihres größten Rivalen in der Region, des Iran, einzudämmen. Dabei zeichnen sie gerne das Bild eines religiösen Konfliktes zwischen Sunniten und Schiiten, in Wirklichkeit steckt dahinter ein knallharter Konflikt der Regionalmächte um Einfluss in der Region.

Die Kronprinzen stürzten sich in zahlreiche politische und militärische Abenteuer. Da war beispielsweise der Boykott gegen das Golfemirat Katar, das ihnen wegen seiner Unterstützung der Muslimbruderschaft in der Region ein Dorn im Auge war. Und es gab sogar regelrechte Räuberpistolen-Geschichten, wie die Verschleppung des libanesischen Premiers Saad Hariri in Saudi-Arabien, mit der dieser zum Rücktritt gezwungen werden sollte, weil die Kronprinzen meinten, Hariri würde sich dem Einfluss der schiitischen Hisbollah im Libanon nicht genug entgegenstemmen. All das waren eher Holterdiepolter-Aktionen, bei denen die anvisierten Ziele nie erreicht wurden. Katar hat den Boykott mit seinen enormen Erdgasvorkommen einfach ausgesessen und hat sich nicht in die Knie zwingen lassen. Hariri wurde schließlich auf internationalen Druck wieder freigelassen und nahm den von ihm in Saudi-Arabien unter Zwang verkündeten Rücktritt nach seiner Ankunft in Beirut sofort zurück. Aber MBS, der bei beiden Aktionen, sowohl beim Boykott Katars als auch bei der Entführung Hariris, an vorderster Front stand, hat beides endgültig den Ruf eingebracht, ein junger, abenteuerlustiger Hitzkopf zu sein.

Beide Aktionen hatten am Ende relativ wenig Folgen für die Menschen in Katar und im Libanon. Das war anders bei zwei anderen regionalen Interventionen der Kronprinzen, die zwei Länder ins totale Chaos gestürzt haben, den Jemen und Libyen.

Jemen: Ein Krieg ohne Exit-Strategie

Im März 2015 informierten MBS und MBZ das Weiße Haus, dass sie eine Militärintervention gegen die schiitische Huthi-Bewegung im Jemen planen. Dort hatte eine Aufstandsbewegung 2011 im Rahmen der Arabellion zwar den Langzeitdiktator Ali Abdullah Saleh gestürzt, hatte es aber nicht geschafft, die alten Strukturen aufzubrechen, auch weil die saudischen Machthaber im Jemen nichts anbrennen lassen wollten. Salehs Vize, Abed Rabbo Mansur Hadi, wurde dessen Nachfolger. Der brachte es nicht zustande, die zahlreichen Probleme seines Landes unter Kontrolle zu bringen. Die Sicherheitskräfte führten, angeleitet vom Sohn des gestürzten Diktators Saleh, ein Eigenleben. Eine Separatistenbewegung im Süden machte Hadi das Leben ebenso schwer wie die „Al-Kaida auf der Arabischen Halbinsel", so der offizielle Name des regionalen Ablegers der Terrororganisation, die sich mit zahlreichen Anschlägen zu Wort meldete. Auch Korruption und Arbeitslosigkeit sorgten für Unruhe.

Da sah die schiitische Bewegung der Huthis, die ihren Ursprung in Saada im Norden des Landes hat und die über die Jahre in mehrere Rebellionen gegen die Zentralregierung in Sanaa aufgestanden war, ihre Chance. Die Huthis übernahmen zunächst militärisch ihr eigenes Kerngebiet im Norden sowie die Nachbarregionen und zogen dann relativ kampflos in die Hauptstadt Sanaa ein, wohl auch, weil viele Jemeniten der ineffektiven Hadi-Regierung überdrüssig waren. Hadi floh ins südliche Aden und später weiter nach Saudi-Arabien. Eine lokale Rebellenbewegung kontrollierte nun fast zu ihrer eigenen Überraschung weite Teile des Landes und seine Hauptstadt.

Das war der Zeitpunkt, zu dem die Saudis und Emiratis beschlossen, im Jemen direkt militärisch zu intervenieren.

Denn sie sahen die schiitischen Huthis tatsächlich nur als eines: als verlängerten Arm ihres regionalen Konkurrenten Iran an ihrer südlichen Flanke. Tatsächlich gab es zu dieser Zeit eine lockere Zusammenarbeit zwischen Teheran und den Huthis, vor allem durch Waffenlieferungen. Aber diese Zusammenarbeit sollte sich erst im Lauf des Krieges wirklich verstärken.

Laut UNO haben MBS und MBZ mit diesem Krieg die zu diesem Zeitpunkt größte menschlich zu verantwortende humanitäre Katastrophe geschaffen. Ein UN-Bericht schätzt, dass allein in den ersten drei Jahren dieses militärischen Konflikts fast eine Viertelmillion Menschen entweder durch direkte Kriegshandlungen oder durch deren Folgen an Krankheiten und Hunger umgekommen sind. Sechs von zehn Toten in diesem Krieg sind Kinder unter fünf Jahren. Mehr als drei Millionen Jemeniten mussten in diesem Krieg aus ihrem Zuhause fliehen. Die UNO warnte immer wieder, dass in einem der ohnehin ärmsten Länder der Welt 22 Millionen Menschen vom Hunger bedroht seien. Das sind drei Viertel der Bevölkerung. Selbst vor dem Krieg hing der Jemen von Lebensmittelimporten ab, vor allem wegen des Wassermangels in der Landwirtschaft. Das ist einer der Gründe, warum der Krieg die Menschen so hart traf, nicht nur in den Zeiten, in denen die Häfen blockiert wurden, auch die Landwege wurden durch die verschiedenen Fronten unterbrochen. Die Auswirkungen auf das Bildungswesen waren ebenso katastrophal. Fast zwei Millionen Kinder konnten nicht mehr zur Schule gehen. Fast 1500 Schulen wurden durch Bomben und Angriffe zerstört.

Die Dinge verliefen für MBZ und MBS gar nicht nach Plan. Bei all dem Unheil, das sie angerichtet haben, erreichten Saudi-Arabien und die Emirate ihr strategisches Ziel nicht, die ebenso erbarmungslosen Huthi-Rebellen aus der

Hauptstadt zu vertreiben und die Hadi-Regierung wieder einzusetzen. Und noch schlimmer: Die Huthis feuerten immer wieder Raketen tief in saudisches Staatsgebiet und bedrohten Ölpipelines und den Schiffsverkehr im Roten Meer. Das Problem für MBS und MBZ war nun, eine Exit-Strategie aus diesem Krieg zu finden.

Im Sommer 2019 zogen die Emirate dann den größten Teil ihrer Truppen aus dem Jemen ab. Hier wurde auch deutlich, dass MBS und MBZ im Jemen nicht immer am gleichen Strang zogen. Schon zuvor hatte es immer wieder Uneinigkeit zwischen den Emiraten und Saudi-Arabien gegeben. Ihre unterschiedlichen Prioritäten wurden immer deutlicher. Beide wollten die Region neu ordnen und ihre Einflusssphären ausweiten. Aber MBZ verfolgte dabei geradezu obsessiv alles, was mit der Muslimbruderschaft in Verbindung gebracht werden konnte. MBS versuchte dagegen vor allem, sich seinem regionalen Erzrivalen, dem Iran, entgegenzustellen.

Die Heilige Arabische Allianz bekam erste Risse. Auch der dritte im Bunde, der ägyptische Präsident El-Sisi, erklärte zwar immer wieder in der Öffentlichkeit, dass die Sicherheit Ägyptens unwiderruflich mit der Sicherheit der Golfstaaten verbunden sei, aber er hat nie die Hoffnung der Saudis erfüllt, ägyptische Truppen in den Jemen zu schicken, um gegen die Huthis zu kämpfen. Das machte die Grenzen der Käuflichkeit von Loyalität deutlich. El-Sisi weiß, dass sein Regime von MBZ und MBS auf jeden Fall gestützt wird, denn das bevölkerungsreichste arabische Land Ägypten ist zu wichtig, als dass sich die beiden Kronprinzen das Scheitern des Regimes und möglicherweise eine neue revolutionäre Welle in Ägypten leisten könnten. Trotz der Abhängigkeit von den Geldern aus dem Golf blicken die Ägypter hinter den Kulissen auf ihre Golfnachbarn herunter. In der Tonaufnahme eines Gesprächs zwischen El-Sisi und seinem Stabschef, das den Medien zugespielt wurde, lästerte El-Sisi, dass die Golfstaaten „Geld wie Reis" hätten.

Der Stellvertreterkrieg in Libyen, den keiner gewinnt

Auch im libyschen Machtkampf zwischen der Regierung im Westen in Tripolis und dem selbst erkorenen General Khalifa Haftar im Osten des Landes mischt die Heilige Arabische Allianz kräftig mit. Das Triumvirat hat den Warlord Haftar als ihren Mann auserkoren, der für sie den libyschen El-Sisi spielen soll. Sie, vor allem die Emirate, haben ihn massiv mit Waffen aufgerüstet, die zunächst nach Ägypten geliefert wurden, um dann über den Landweg in das Herrschaftsgebiet Haftars im Osten Libyens transportiert zu werden. Sie verletzten damit direkt ein UN-Waffenembargo, das gegen Libyen verhängt worden war. Ohne die Waffen aus den Emiraten, dem Geld aus Saudi-Arabien und der logistischen Unterstützung Ägyptens wäre Haftar nie groß geworden.

Auch hier spielten mehrere Motive eine Rolle. Ägypten wollte mit Hilfe Haftars seine Westgrenze von den chaotischen Ereignissen in Libyen abschirmen. Aber dem Triumvirat ging es vor allem erneut darum, die Muslimbrüder zu eliminieren, die die Milizen des libyschen Premiers Fayiz As-Sarradsch im Westen des Landes, in der Hauptstadt Tripolis, dominieren. Haftar präsentierte sich der Welt dabei gerne, ähnlich wie El-Sisi, als autokratischer Anti-Islamist, der in seinem Land mal so richtig aufräumen will. Auch hier verfolgte die Heilige Arabische Allianz ein einfaches Narrativ. Islamisten und Instabilität werden gleichgesetzt.

Und es ist die Restauration in Form von General Haftar, sozusagen ein Möchtegern-El-Sisi, der Extremismus und Terror bekämpft und der für Stabilität sorgt. Aber auch dieses Bild ist alles andere als schwarz-weiß. Haftar selbst hängt in Bengasi zum Teil von Salafisten der übelsten Sorte ab. Außerdem waren es nicht seine Truppen, die den IS militärisch aus den libyschen Küstengebieten vertrieben haben, sondern, unter hohen Verlusten, die Milizen, die Fayiz As-Sarradsch unterstützen.

Dass das Triumvirat alles auf die Karte Haftar gesetzt hat, ist ebenfalls keine Erfolgsgeschichte. Denn die 14-monatige Offensive und praktische Belagerung von Tripolis durch die Haftar-Milizen, die 2019 mit dem Ziel begann, ganz Libyen unter ihre Kontrolle zu bekommen, brach im Sommer 2020 vollkommen zusammen. Nicht zuletzt, weil die Türkei direkt auf der Seite von Tripolis militärisch intervenierte. Damit hatte sich das Kriegsblatt vollkommen gewendet. Jetzt waren es die Milizen aus Tripolis, die Richtung Osten vorrückten, und das Triumvirat versuchte, zu retten, was zu retten ist. Zunächst wurde Haftar im Juni 2020 nach Kairo zitiert, um plötzlich halbherzig einer neuen Initiative zuzustimmen, den libyschen Konflikt nun doch politisch auszuhandeln. Dann drohte Ägypten sogar wenige Wochen darauf, selbst militärisch zu intervenieren.

In Libyen war eine Lage entstanden, die so gar nicht nach dem Geschmack der Heiligen Arabischen Allianz war. Ausgerechnet der ideologische Regionalrivale Türkei hatte nun einen Fuß in der libyschen Tür und die Haftar-Karte verblasste zunehmend in den Händen des Triumvirats, so sehr, dass man begann, sich hinter den Kulissen nach personellen Alternativen umzusehen. Dazu kam das wachsende russische militärische Engagement auf Seiten Haftars mit russischen Söldnern und sogar Kampfjets, die Moskau im Sommer 2020 im Osten des Landes stationierte. Eines war klar: Wenn ernsthaft über die Zukunft Libyens verhandelt wird, sitzen vor allem die Türkei und Russland wegen ihres direkten militärischen Engagements mit einer gewichtigen Stimme am Verhandlungstisch. Die Heilige Arabische Allianz war regelrecht ausgebootet worden. Die einzige Möglichkeit, die sie besaß, war, sich auch mehr direkt militärisch in Libyen zu engagieren und sich damit selbst in das libysche Chaos und in einen Abnutzungskrieg zu begeben, der keinen militärischen Sieger hervorbringen wird. Die Alternative sind politische Verhandlungen um eine libysche Nachkriegsordnung, in denen den Gegnern der Heiligen Arabischen Allianz in Tripolis große Zugeständnisse gemacht werden müssen. Das Triumvirat hat sich also an den zwei Kriegsfronten in der Region, an denen es sich engagiert hat, im Jemen und in Libyen, wahrlich kein Ruhmesblatt verdient.

Stabilität versus Demokratisierung

Betrachtet man die Gesamtbilanz der Heiligen Arabischen Allianz, ist sie durchwachsen. Einiges wurde erreicht, aber das meiste muss als Minus in der Bilanz verbucht werden. MBS und MBZ haben es zwar geschafft, dass Ägypten keinen Kurs hin zu einem demokratischen Wandel genommen hat, der ihnen gefährlich hätte werden können, indem sie dem Militär bei seiner dortigen Machtübernahme unter die Arme griffen. Und MBS konnte sich streckenweise international als Reformer vermarkten. Ein Image, das allerdings mit dem Mord am saudischen Journalisten und Kritiker Jamal Khashoggi und der Verhaftung von Frauenrechtlerinnen in seinem Land stark gelitten hat.

Aber: MBS und MBZ haben im Jemen einen Krieg begonnen, bei dem keines ihrer strategischen Ziele erreicht wurde. Damit sind sie im Jemen auch für eine der bisher größten humanitären Katastrophen des 21. Jahrhunderts verantwortlich. In Libyen haben sie sich total verzettelt. Ihr Embargo gegen ihren Nachbarn Katar hat nicht nur nicht funktioniert, es hat den Golfkooperationsrat und die Einheit der Arabischen Halbinsel geschwächt, auch gegenüber dem Iran.

Ironischerweise argumentiert die Heilige Arabische Allianz immer wieder, dass die arabischen Aufstände in Syrien, im Jemen und in Libyen nur ein Blutbad angerichtet hätten, und vermarktet sich als Gegenpol der Stabilität dazu. Derweil war es gerade dieses Triumvirat, das massiv für das Chaos in diesen Ländern gesorgt hat und dafür eine große Mitverantwortung trägt. Geradezu schamlos nutzt die Heilige Arabische Allianz das Chaos als Rechtfertigung, einen demokratischen Übergang in der Region zu verhindern.

Demokratisierung und Stabilität werden als unvereinbare Konzepte dargestellt. Im Neuen stecke eine Gefahr, das Alte garantiere Frieden und Stabilität. Es ist genau die gleiche Botschaft, mit der 200 Jahre zuvor der österreichische Kaiser, der russische Zar und der preußische König sich als Bollwerk gegen alle revolutionären Bewegungen gerechtfertigt hatten. Aber es gibt einen wichtigen Unterschied: Die europäische Heilige Allianz hatte infolge des Wiener Kongresses nicht nur den Status quo verteidigt, sondern auch die moderne Diplomatie geschaffen, mit der Kriege in Europa für eine lange Zeit verhindert wurden. Die Heilige Arabische Allianz versucht dagegen den Status quo zu halten, indem es erfolglose Kriege im Jemen und in Libyen anzettelte.

Die komplizierte nahöstliche Gemengelage

Nun sind die arabischen Verflechtungen des „Wer mit wem gegen wen“ eigentlich schon kompliziert genug. Aber der Nahe Osten wäre nicht der Nahe Osten, wenn es nicht noch komplizierter ginge. Es gibt einfach zu viele Köche in dieser Küche. Weltmächte, die meinen, die Region sei wegen Öl, Israel und Flüchtlingen von größtem strategischem Interesse. Regionalmächte, die glauben, dieser eine Ordnung aufzwingen zu müssen, die ihrer Ideologie oder ihrer geografischen Lage Rechnung trägt. Milizen und Terrororganisationen, die das Süppchen anderer oder ihr eigenes kochen, und dann zuletzt noch die Menschen, die das dort alles erleben und aushalten müssen. Als Nahost-Korrespondent verbringt man einen guten Teil seiner Zeit damit, diese Verflechtungen und Zusammenhänge zu verstehen, und einen noch größeren, zu versuchen, diese dann an andere Menschen weiterzuvermitteln, die sich nicht jeden Tag damit beschäftigen. Bleiben Sie dran – ich versuche es weiter.

Der größte Negativposten in der Bilanz der Heiligen Arabischen Allianz ist der wachsende Einfluss ihres iranischen Rivalen in der Region, dem sie wenig entgegenzusetzen haben. Irans große Expansionsstunde war ironischerweise von George W. Bush eingeläutet worden, als der damalige US-Präsident nach der Irak-Invasion auf dem Flugzeugträger USS Abraham Lincoln, der am Golf kreuzte, am 1. Mai 2003 seine berühmte Siegesrede unter einem Banner mit der Aufschrift „Mission Accomplished“ hielt und sagte: „Die USA und ihre Verbündeten haben in der Schlacht um den Irak gesiegt.“ Damals hatte er keine Ahnung, dass er es mit der stärksten Militärmacht der Welt in Wirklichkeit nicht geschafft hatte, die Machtverhältnisse im Irak in seinem Sinne zu verändern. Denn ausgerechnet der Nachbar Iran war es, der das nach dem Sturz Saddam Husseins entstandene Machtvakuum in Bagdad füllen sollte. Also so ziemlich das Letzte, was sich George W. Bush damals auf dem Flugzeugträger vorgestellt hatte. Die Amerikaner hatten mit Saddam freundlicherweise den größten Gegner des Iran im Irak ausgeschaltet und Teheran stellte daraufhin sicher, dass in Bagdad eine iranfreundliche Regierung an die Macht kam und auch dort blieb.

Über eine ganze Reihe von Stellvertretern schaffte es Teheran, seinen Einfluss in der Region weiter auszubauen. Neben den neuen Möglichkeiten im Irak etablierte sich der Iran auch als Schutzmacht des syrischen Diktators Baschar Al-Assad. Der Iran schickte seine Revolutionsgarden und andere paramilitärische Einheiten nach Syrien, um dem von den Rebellen bedrängten Diktator zur Seite zu stehen. Das, zusammen mit der russischen Luftunterstützung, führte dazu, dass sich im syrischen Bürgerkrieg das militärische Blatt wendete und das Überleben des Assad-Regimes zunächst gewährleistet war. Der Preis für Syrien war, dass das Regime einen Teil der Souveränität des Landes de facto an die Iraner abgeben musste. In Damaskus konnte keinerlei politische und militärische Entscheidung mehr getroffen werden, ohne dass Teheran mitredete.

Und auch im benachbarten Libanon saß ein Partner Teherans, die schiitische Hisbollah, mit an der Macht. Die Hisbollah war auch die mit Abstand stärkste militärische Organisation des Landes, besser ausgebildet und wesentlich potenter bewaffnet als die reguläre libanesische Armee. Damit hatte es der Iran geschafft, eine politische und militärische Achse zu schaffen, die praktisch ohne geografische Unterbrechung von Teheran über Bagdad nach Damaskus bis ans Mittelmeer nach Beirut führte.

Auch international wurden die Mullahs in Teheran wieder salonfähig. Zunächst mit einem Atomdeal, den die US-Regierung Barack Obamas zusammen mit den Europäern mit ihnen abgeschlossen hatten. Diese „Salonfähigkeit" war den Iranern den Preis wert, ihre nuklearen Ambitionen unter internationale Kontrolle und Restriktion zu stellen. Auch im Kampf gegen den IS, vor allem im Irak, erwies sich Teheran in der Anti-IS-Allianz als verlässlicher Partner. Zusammen mit den Kurden stellten die vom Iran kontrollierten schiitischen Milizen die wichtigsten Bodentruppen, die meist mit amerikanischer Luftunterstützung gegen den IS und dessen Stellungen vorgingen. Der IS und der Kampf gegen ihn gaben dem Iran die Möglichkeit, seine expansionistische Politik zu legitimieren.

MBS und MBZ konnten nur zähneknirschend zusehen, wie sich ihr regionaler Rivale immer mehr ausbreitete. Dass US-Präsident Trump später das Atomabkommen kündigte und wieder antiiranische Töne anschlug, half ihnen in der Region wenig. Sie feierten kurz, als Trump im Januar 2020 mit einem Drohnenangriff den berüchtigten iranischen General Qassem Soleimani am Flughafen in Bagdad umbringen ließ. Damit war sozusagen der Architekt der iranischen Politik, in der ganzen Region ein Netzwerk schiitischer Milizen aufzubauen, ausgeschaltet. Es war Soleimani, der die Instrumente geschaffen hatte, mithilfe derer der Iran militärisch und politisch in der ganzen Region agieren konnte. Nun war der Schöpfer dieser Politik zwar tot, seine Geschöpfe, die ferngesteuerten iranischen Satelliten-Milizen, lebten aber überall in der Region weiter, vom Irak, Syrien, dem Libanon bis hin zu den Huthi-Milizen im Jemen.

Soleimani hatte viele Fronten geschaffen, auf die sich jeder Gegner des Iran auch nach seinem Tod einstellen muss. Sollten die USA eines Tages einen Krieg gegen den

Iran beginnen, sähe dieser vollkommen anders aus, als wir das aus Zeiten der US-Intervention gegen Saddam Hussein im Irak kennen. Ein Krieg gegen den Iran wäre nicht mehr auf dessen Landesgrenzen beschränkt. Auch ohne nukleare Bewaffnung hat der Iran damit ein potentes Abschreckungspotenzial. Er kann mit seinen vielen Armen in der Region an vielen Orten gleichzeitig losschlagen, nicht nur im Libanon mit der Hisbollah gegen Israel und im Irak gegen die dort stationierten US-Soldaten. Vom Jemen kann er saudische Ölanlagen angreifen lassen und damit die Weltwirtschaft an einer ihrer empfindlichsten Stellen treffen. Das ist die wichtigste Hinterlassenschaft Soleimanis und wohl der Hauptgrund, warum Trump in Sachen Iran zwar viele hochmütige Töne spukte, sich aber bisher am Ende als Papiertiger erwies. Als die Iraner als Antwort auf den Tod Soleimanis 22 ballistische Raketen abfeuerten, die meisten auf die Militärbasis Al-Asad im Irak, in der auch US-Soldaten stationiert waren, kam keine Antwort aus Washington. Dabei half sicher, dass es keinen toten US-Soldaten gab, aber über einen Monat nach dem Angriff gab das Pentagon dann zu, dass hundert seiner dort stationierten Soldaten bei dem Angriff ein Schädel-Hirn-Trauma erlitten hatten.

Übrigens haben MBS, MBZ und ihr Rivale, der oberste Revolutionsführer im Iran, Ayatollah Khamenei, eines gemeinsam. Jede Bewegung von unten, die in der arabischen Welt für Veränderungen eintritt, ist ihnen suspekt, den Iranern vor allem die Demonstrationen im Irak und im Libanon, die ein Ende des Systems fordern, in dem die konfessionelle Identität in der Politik die dominante Rolle spielt. Dazu später mehr.

So gesehen sind das Triumvirat MBZ, MBS und El-Sisi und die Mullahs im Iran zwei Seiten derselben Restaurations-Medaille in der Region. Beide verteidigen ihre Einflusssphären und den Status quo. Auf der einen Seite wollen die Golfmonarchien und El-Sisi die Region in ihrem Sinne ordnen und sich selbst damit in die neuen Zeiten retten. Auf der anderen Seite kämpfen der Iran, der syrische Diktator Al-Assad, die Hisbollah und allerlei schiitische Milizen ebenfalls an der Bewahrung der Strukturen, von denen sie profitieren.

Und weil ich gerne von den vielen Köchen in der nahöstlichen Küche spreche, damit nicht genug. Es gibt noch zwei weitere wichtige Mächte in der Region: Israel und die Türkei. Wie haben die sich angesichts der Heiligen Arabischen Allianz aus MBS, MBZ und El-Sisi positioniert, und wie haben sie sich in der Rivalität zwischen ihnen und dem Iran aufgestellt?

Wie schon in der Einleitung erwähnt, lässt dieses Buch den gesamten Aspekt des palästinensisch-israelischen Konfliktes aus, weil ihm eine ganz eigene Erzählung gewidmet werden müsste. Aber an dieser Stelle, an der es um die regionalen Verflechtungen geht, kommen wir nicht umhin, doch kurz darauf einzugehen. Israel hatte sich zunächst weitgehend aus den Unruhen der Arabellion herausgehalten. Dank der arabischen Nachbarn, die mit sich selbst beschäftigt waren, konnte sich der israelische Premier Benjamin Netanjahu auf die Front zu Hause mit den Palästinensern konzentrieren und schaffte mit dem massiven Ausbau der israelischen Siedlungen im Westjordanland Fakten. In US-Präsident Trump fand Netanjahu einen willigen Unterstützer, den er nicht hätte besser erfinden können. Der ließ die US-Botschaft nach Jerusalem umziehen und teilte damit die Sichtweise Netanjahus, dass Jerusalem die ungeteilte Hauptstadt Israels sei, deren Status bei späteren Verhandlungen mit den Palästinensern nicht mehr zur Disposition stehe. Dann erkannte Trump die israelische Annexion der Golanhöhen an, die Israel 1967 von Syrien erobert hatte. Schließlich gab Trump über den sogenannten „Deal des Jahrhunderts" seines Schwiegersohnes Jared Kushner grünes Licht, zumindest Teile des Westjordanlandes, darunter das Jordantal und die großen Siedlungsblöcke, dem israelischen Staatsgebiet einzuverleiben. Alles Schritte, die eigentlich internationalem Recht widersprechen.

Alles lief gut für Netanjahu. Aber die Entwicklungen im benachbarten Syrien machten den Israelis Sorgen. Assads Regime war im Bürgerkrieg vollkommen von iranischer Hilfe abhängig. Iranische Revolutionsgarden, die Hisbollah und andere vom Iran kontrollierte Milizen bauten dort offen ihre Position aus. Israel sah diese Entwicklung in seiner unmittelbaren Nachbarschaft als eine Bedrohung seiner nationalen Sicherheit. Aber diese bot auch neue Chancen. Denn erstmals gab es eine politische Schnittmenge mit Teilen der arabischen Welt. Israel und die Golfstaaten wollen beide den Einfluss des Iran in der Region eindämmen.

Also versuchte Netanjahu zusammen mit der US-Regierung die gemeinsame antiiranische Schnittmenge mit Saudi-Arabien und den Emiraten zu nutzen, um diese beiden Länder aus dem propalästinensischen Lager herauszubrechen. Dazu diente vor allem die persönliche Beziehung zwischen Jared Kushner und MBS, die sich laut US-Medien mehrmals getroffen haben, um ganze Nächte lang über die Neuordnung der Region zu diskutieren. Das Ziel Netanjahus und Kushners: Die Heilige Arabische Allianz aus Saudi-Arabien, den Emiraten und Ägypten sollte durch Israel als vierte Macht in der Region ergänzt werden. Hinter den Kulissen mögen da viele Treffen gelaufen sein, aber gegenüber der eigenen Öffentlichkeit konnten die arabischen Länder sich nicht allzu offen mit Israel in ein Boot setzen. Denn es ist eine Sache, etwas in den Hinterzimmern zwischen den

Golfstaaten, Israel und Kushner auszumauscheln, und eine andere, das Besprochene gegenüber der arabischen Öffentlichkeit dann verkaufen zu müssen.

Das wurde deutlich, als der sogenannte Kushner-Plan im Januar 2020 in Washington vorgestellt wurde. Wie gesagt, sah er die israelische Annektierung von Teilen des Westjordanlandes vor, während den Palästinensern vage ein Flickenteppich als Staat angeboten wurde. Den Palästinensern schmackhaft gemacht werden sollte das mit Wirtschaftshilfe und Investitionen in Milliardenhöhe, vorwiegend aus den Golfstaaten. Ein ziemlich verwegener Plan: Israel nimmt den Palästinensern mehr Land weg und weitet sein Staatsgebiet aus und die Golfstaaten zahlen dafür.

Zwar hatten die Emirate zur feierlichen Vorstellung des Kushner-Planes in Washington, der übrigens ganz ohne Palästinenser stattfand, ihren Botschafter geschickt, doch im Anschluss wurde der Plan in der arabischen Welt zerrissen. Die Arabische Liga lehnte ihn einstimmig ab. Dann meldete sich ausnahmsweise einmal der greise saudische König Salman Ibn Abd Al-Aziz zu Wort, der eigentlich die Politik seinem Sohn MBS überlassen hatte, und erklärte eindeutig, dass die Rechte der Palästinenser unantastbar seien oder, im Umkehrschluss, seine Ablehnung des Kushner-Plans. Sein Sohn MBS, mit dem Kushner alles ausgeklüngelt hatte, hüllte sich dagegen in Schweigen. Was die Neuordnung der Region anging, erfreute sich die Heilige Arabische Allianz zwar der Unterstützung Trumps, aber offen mit Israel zu paktieren war für sie zu diesem Zeitpunkt noch keine Option.

Bleibt die Türkei als weitere Großmacht in der Region. Sie interveniert nicht nur regelmäßig in ihrer unmittelbaren syrischen Nachbarschaft, vor allem gegen alles Kurdische. Sie bildet zusammen mit dem Golfemirat Katar einen eigenen Block in der Region. Beide zählten immer zu den vehementesten Unterstützern der Muslimbrüder und hofften, dass sie nach der Arabellion mit deren Hilfe ihren Einfluss auf die Region ausbauen könnten. Damit bilden sie automatisch einen Gegenpol zur Heiligen Arabischen Allianz und vor allem zu MBZ, der fast obsessiv jeden Einfluss der Muslimbruderschaft in der Region ausschalten will.

Besonders deutlich ist diese Rivalität in Libyen. Die Emirate und Saudi-Arabien unterstützen General Haftar mit Geld und Waffen, damit dieser die Regierung in Tripolis bekämpft, die aus ihrer Sichtweise von den Muslimbrüdern kontrolliert wird. Doch Erdoğan machte ihnen einen Strich durch die Rechnung, intervenierte mit seinem Militär direkt in Libyen und drehte damit das militärische Blatt. Im Kampf zwischen der Türkei und der Arabischen Allianz in Libyen stand es jetzt 1:0.

Die neue Welt der starken Regionalmächte

Wir sehen, das nahöstliche Konzert ist kompliziert geworden. Nach altem Reflex schalten die internationalen Medien immer noch gerne nach Washington, um zu erfahren, mit welcher Politik die US-Regierung die Geschicke des Nahen Ostens lenken wird. Derweil wäre es viel aufschlussreicher, nach Teheran, Riad, Abu Dhabi oder Ankara zu schalten, um zu verstehen, wohin sich die Region entwickelt. Die Welt hat sich verändert, weg von Großmächten, die in kolonialer Manier im Nahen Osten die Fäden gezogen haben, hin zu den großen Regionalmächten, die im Kampf um Einflusszonen mehr Gewicht haben als die Großmacht USA oder das benachbarte Europa. Vorbei sind die Zeiten, in denen die USA und Europa sich in der Region Verbündete heranzüchteten, die dann etwa nach der Pfeife Washingtons tanzten. Sicher, Saudi-Arabien, die Emirate und Ägypten sind weiter wichtige Verbündete des Westens. Die Türkei ist sogar NATO-Mitglied. Aber wenn diese Regionalmächte die Wahl haben, den Anweisungen aus dem Westen zu folgen oder ihre eigenen Sicherheitsinteressen in der Region durchzusetzen, wählen sie immer Zweiteres. Der Westen kann nicht mehr gegen die Regionalmächte, sondern nur noch mit ihnen Politik machen. Kurzum: Die Welt ist weniger kolonialistisch, dafür aber viel komplizierter geworden. Tatsache ist, der Nahe Osten ordnet sich neu. Und der westliche Einfluss darauf ist gering.

#Fail: Europa und die USA

Arabischer Autokrat = Stabilität: Das ist die einfache Gleichung, die das politische Verhältnis zwischen der westlichen und der arabischen Welt bestimmt. „Wir sind der Garant für Stabilität" ist die wichtigste Karte, die arabische Autokraten ohne Unterlass in ihrem Werben um internationale Partner ausspielen. Diese Partnerschaft kennt viele Formen. Traditionell vor allem in Richtung USA im Antiterrorkampf oder als Garant für ungehinderten Ölfluss. In den letzten Jahren vermarkten sich die arabischen Autokraten gegenüber Europa auch gerne als verlässliche Partner, um Flüchtlinge davon abzuhalten, über das Mittelmeer zu kommen.

Das Image des Kämpfers an der vordersten Terrorfront kommt ihnen dabei besonders gelegen, macht es doch ihre Repressionsapparate im Westen salonfähig. Derweil sind sie es, die oft in der Art, wie sie ihre Länder regieren, schneller Terror schaffen, als sie ihn bekämpfen können. In ihren Gefängnissen rottet heute die gefolterte nächste Generation, die nicht mehr an demokratische Veränderung, sondern an Militanz und Gewalt als einziges Rezept glaubt. Die arabischen Präsidenten, Emire und Könige sind meist die andere Seite der Medaille des militanten Islamismus. Sie brauchen ihn, um ihre eigene Existenz zu rechtfertigen. Militante Islamisten und die repressiven Regime schaukeln sich gegenseitig hoch.

Und natürlich funktioniert dieses Spiel nur, wenn auch der Westen mitmacht. Das „Entweder wir oder das Chaos", mit dem die arabischen Autokraten hausieren gehen, wird von der Politik in den USA und in Europa fast widerspruchslos angenommen. Nur der sogenannte Arabische Frühling sorgte ein paar Jahre für ein wenig Verwirrung, doch bald war die Welt auch hier wieder in Ordnung. Schließlich hatten die arabischen Aufstandsbewegungen für ein unberechenbares Chaos gesorgt. Man zog sich im Westen wieder auf ein „Wir haben es schon immer gewusst" zurück: eine arabische Demokratiebewegung kann nicht funktionieren. Araber sind nicht reif für die Demokratie. Die arabischen Autokraten und Regime wurden erneut nicht als Teil des Problems angesehen, sondern als dessen Lösung hofiert, sei es, weil sie den IS bekämpften, für den sie selbst ideale Brutbedingungen kreiert hatten, sei es, weil sie Boote mit Flüchtlingen aus Konflikten aufhielten, die sie oft selbst geschaffen hatten.

„Wenn du in einen Brunnen steigst, dann nimm bloß kein amerikanisches Seil"

Mit der Ankunft Donald Trumps auf der politischen Bühne und seinem Amtsantritt 2016 begann das arabische Kaffeesatzlesen. Wer war dieser Mann, was wollte er und vor allem, hatte er irgendwelche Pläne für den Nahen Osten und die arabische Welt? Aus seiner Wahlkampfrhetorik ließen sich keinerlei Schlüsse auf irgendeine außenpolitische Strategie ziehen. Trump war ein bisschen wie eine nicht lenkbare Rakete, von der niemand wusste, wo sie einschlägt, und eigentlich ist er das während seiner gesamten Amtszeit geblieben.

Tatsache ist: Trump bekam von seinem Vorgänger Barack Obama zahlreiche Konflikte in der arabischen Welt vererbt, in die die USA direkt verwickelt waren. Zu Trumps Amtsantritt setzten die US-Militärs in den Himmeln von sieben Ländern dieser Welt Kampfflugzeuge oder Kampfdrohnen ein, davon in vier arabischen: im Irak und in Syrien mit Kampfflugzeugen gegen IS-Stellungen, in Libyen und im Jemen mit Kampfdrohnen. Um die Liste zu vervollständigen: Die anderen Länder im US-Drohnenkrieg waren Afghanistan, Pakistan und Somalia. Zu all diesen Konflikten und dem dortigen militärischen Engagement der USA musste Trump nun Stellung nehmen. Es war klar, dass die arabischen Realitäten ihn schneller einholen würden, als ihm lieb war.

Auf der anderen Seite schöpften die arabischen Autokraten Hoffnung. Es ist wohl kein Zufall, dass ausgerechnet der ägyptische Präsident El-Sisi das erste Staatsoberhaupt weltweit war, das zum Telefonhörer griff, um Trump zu seinem Wahlsieg zu gratulieren. Da überlegten sie in Europa noch, wie sie die Glückwunschtelegramme unverfänglich formulieren sollten.

Zuvor hatte Präsident El-Sisi mitten im US-Wahlkampf Trump einmal als „großen politischen Führer" bezeichnet, nachdem Trump bei einem Treffen mit El-Sisi in den USA den ägyptischen Präsidenten als „fantastischen Typen" charakterisiert hatte, der wieder die Kontrolle über Ägypten übernommen habe. Dass es dagegen um die Chemie zwischen El-Sisi und Trumps Vorgänger Barack Obama nicht zum Besten stand, war kein Geheimnis. El-Sisi hoffte, dass Trump seinen autokratischen Stil mehr goutieren würde. Eine Hoffnung, die er mit anderen arabischen Autokraten-Kollegen teilte.

El-Sisi bekam von Donald Trump die Anerkennung, die ihm Barack Obama wegen der Menschenrechtslage in

Ägypten verweigert hatte. Nachdem der damalige ägyptische Militärchef El-Sisi 2013 den ein Jahr zuvor gewählten Präsidenten und Muslimbruder Muhammad Mursi entmachtet hatte, vermied es der damalige US-Präsident zwar, das öffentlich als Militärputsch zu bezeichnen, ging El-Sisi aber auf allen internationalen Treffen aus dem Weg und lud ihn auch nicht nach Washington ein. Trump dagegen betonte immer wieder die strategische Sicherheitspartnerschaft mit Ägypten. Die Menschenrechtslage in Ägypten sei für Trump kein Thema, das er öffentlich diskutieren wolle, hieß es aus dem Weißen Haus. Der politische Flirt zwischen Trump und El-Sisi wurde immer wieder in der Öffentlichkeit beschworen. Bei einem G7-Gipfel im französischen Biarritz im August 2019 bezeichnete Trump den ägyptischen Präsidenten offen als „meinen Lieblings-Diktator".

Über Saudi-Arabien hatte sich Trump vor seinem Amtsantritt durchaus skeptisch geäußert. In mehreren Tweets erklärte er damals, dass Saudi-Arabien eigentlich Milliarden dafür zahlen müsste, dass die USA deren Sicherheit garantieren, und dass Saudi-Arabien „ohne uns weg vom Fenster ist". Damals bezogen die USA immer noch elf Prozent ihres Öls aus Saudi-Arabien, bekamen aber einen guten Teil ihres Geldes wieder zurück, indem sie allein im Jahr vor der Wahl Trumps Waffen im Wert von 33 Milliarden Dollar an die Golfstaaten lieferten. Da war eigentlich klar, dass Trumps Rhetorik gegen das autokratische Königreich schnell in der saudischen Wüstenhitze dahinschmelzen würde.

Und genau so kam es. In den USA war es eigentlich Tradition, dass die erste Auslandsreise eines frisch ins Amt gewählten US-Präsidenten ins benachbarte Kanada oder Mexiko führt, gefolgt je nach präsidialer Präferenz von einer Visiten-Tournee nach Europa oder Ostasien. Trump dagegen wählte als sein erstes Reiseziel – ja, richtig – Saudi-Arabien, gefolgt von Israel.

Auf dem sogenannten Riad-Gipfel und in Anwesenheit von Staatsmännern und Vertretern von 55 arabischen und muslimischen Ländern hielt Trump seine erste große außenpolitische Rede. Vergessen waren für einen Moment seine antimuslimische Rhetorik und die Diskussionen über einen Einreisestopp für Muslime. Stattdessen betonte er, dass es sich im Kampf gegen den Terror nicht um einen Kampf der Kulturen, sondern um einen Kampf zwischen Gut und Böse handle. Er warb geradezu darum, die islamischen Länder als Partner in diesem Kampf zu gewinnen. „Werft die Terroristen raus", lautete seine zentrale Botschaft. Statt alle Muslime als potenzielle Terroristen anzuprangern, forderte er die Staatsmänner der islamischen Länder auf, in ihrem eigenen Haus für Ordnung zu sorgen. Dabei räumte er aber auch ein, dass 90 Prozent der Opfer des Terrors Muslime seien. Die Rede war auch der Versuch, den von George W. Bush nach den Anschlägen des 11. September verkündeten Kampf gegen den Terror auszulagern. Die islamischen Länder müssten Eigenverantwortung übernehmen und nicht auf die Hilfe Amerikas warten.

Dass Amerika bei dieser Auslagerung auf demselben Gipfel noch Waffengeschäfte im Wert von 350 Milliarden Dollar abschloss, hatte den positiven Nebeneffekt, die heimische amerikanische Wirtschaft anzukurbeln. Es ist immer wieder der gleiche Warenkreislauf. Die USA kaufen Öl bei den Arabern, und dann fließen die Petrodollars bei Waffenkäufen zum Teil wieder zurück in den Westen, der dann in Sonntagsreden irgendwelche Friedensprozesse einklagt.

„Vereint euch mit uns als Partner gegen den Terror", war Trumps Message. Das klang gut. Aber eine neue Strategie gegen den Terror war damit noch nicht geboren. Da war er wieder, der alte westliche Reflex, die autokratischen arabischen Antiterrorkämpfer als Lösung anzunehmen, auch wenn diese überhaupt erst die Bedingungen geschaffen hatten, in der viele Araber militante Ideologien als Ausweg aus ihrer Lage ansahen.

Jenseits des Versuches, den Antiterrorkampf in der Region an die arabischen Autokraten auszulagern und den Golf-Herrschern Waffen „made in the USA" in noch nie dagewesenem Ausmaß zu verkaufen, hatte Trump keine kohärente Strategie für die Region. Etwa in der Frage, wie er mit dem Syrien Konflikt umgehen sollte. Diesen Krieg überließ er praktisch auf der einen Konfliktseite Assads Bündnispartnern Russland und Iran und auf der Gegenseite der Türkei.

Ansonsten verwaltete Trump den politischen und militärischen Rückzug aus der Region. Am 13. Oktober 2019 verkündete er überraschend den Abzug von 850 US-Soldaten aus Nordost-Syrien. Sie waren zuvor dort stationiert worden, um an der Seite der Kurden gegen den IS zu kämpfen. Eine Kettenreaktion war die Folge. Türkische Truppen rückten gegen die kurdische YPG in der Region vor. Die Kurden riefen die Regimetruppen Assads zu Hilfe, um diese aufzuhalten. Zwischen den Fronten drohte die kurdische Autonomie über das Gebiet zermahlen zu werden.

Einmal mehr wurde deutlich, dass die Kurden keine wirklichen strategischen Freunde haben, sondern immer nur als temporäre taktische Bündnispartner herhalten müssen. Deswegen wurden sie immer wieder in ihrer Geschichte ausgenutzt und am Ende fallengelassen. Wenn Staaten hinsichtlich ihres strategischen Verhältnisses die Wahl haben zwischen einer Regionalmacht, etwa der Türkei oder dem Iran, und den Kurden, werden sie im Zweifel immer auf die Regionalmacht setzen.

Doch die Entwicklungen gingen weit über die Kurdenfrage hinaus. Das Vakuum, das durch den Rückzug der US-Truppen entstand, wurde sofort von anderen gefüllt, in diesem Fall der Türkei, dem Assad-Regime, Russland und dem Iran. Wieder zeigte sich: Die Rolle der Regionalstaaten in der Ordnung der Region, sei es die Türkei, der Iran oder Saudi-Arabien, wird immer wichtiger. Russland versucht mit diesen Regionalmächten auf unterschiedliche Weise zu paktieren und seine eigene Agenda durchzusetzen. Putin reiste während der Krise nicht zufällig als Staatsgast nach Saudi-Arabien, pflegte seine Kampfpartnerschaft mit den Iranern in Syrien und hielt sich gleichzeitig die Brücken zur Türkei offen. Er schmiedete Zweckbündnisse in einem multipolaren Nahen Osten, wann immer sie nützlich erschienen.

Auch wenn Trump am Ende noch eine kleine Kehrtwende machte und doch noch 500 US-Soldaten in Nordost-Syrien beließ, um, wie er unumwunden erklärte, die Ölfelder rund um die ostsyrische Stadt Deir ez-Zor abzusichern, die USA befinden sich im Nahen Osten auf dem Rückzug. Die Regionalstaaten haben auch ihre Furcht vor US-Interventionen verloren. Sie wissen ganz genau, dass sie unter dem US-Präsidenten Donald Trump keine ernsthaften militärischen Initiativen der USA zu befürchten haben, sondern nur schlimmstenfalls Sanktionen. Das gibt ihnen Freiraum, zu schalten und zu walten, wie sie wollen.

Und es gibt eine weitere Lektion, die über die Nahost-Region hinausgeht und die lautet: Auf die USA als Bündnispartner ist in Zeiten Trumps kein Verlass. Der ehemalige präsidiale US-Sondergesandte der Anti-IS-Koalition, Brett McGurk, der in dieser Funktion eng mit den Kurden zusammengearbeitet hatte und im Dezember 2018 zurückgetreten ist, hat das sehr eingängig zusammengefasst. Die Lektion sei einfach, sagte er: „Wenn du in einen Brunnen steigst, dann nimm bloß kein amerikanisches Seil.“

Europas Eiertanz

Washington ist von den großen arabischen Hauptstädten mehr als 10.000 Kilometer entfernt. Ein Direktflug von New York nach Kairo dauert ca. elf Stunden. Wie sich die USA zur arabischen Welt verhalten, ist eine politisch-taktische Entscheidung, die von Öl und der bedingungslosen Unterstützung Israels bestimmt wird. Beides kann je nach politischer und wirtschaftlicher Lage Veränderungen unterworfen werden.

Ein Flug von Frankfurt nach Kairo dauert dagegen nur vier Stunden, von Wien nach Damaskus fliegt man gar in nur drei Stunden und 15 Minuten. Die Zusammenarbeit zwischen Europa und der arabischen Welt ist eine strategische Notwendigkeit. Im Arabischen gibt es ein Sprichwort: „El-Gar aham min El-Dar“, zu Deutsch „Der Nachbar ist wichtiger als das Haus“. Will heißen, wer das nächste Mal ein Haus oder eine Wohnung besichtigt, um sie zu kaufen oder zu mieten, der sehe sich vor dem Haus zunächst die Nachbarn an.

Eine geografische Nachbarschaft können wir uns nicht aussuchen. Wir können der arabischen Welt nicht den Vertrag in der Nachbarwohnung aufkündigen und sie auch nicht uns. In der Geschichte stellte das Mittelmeer immer eine geografische Einheit dar. Die Abgrenzung zwischen Europa und Afrika und den Küsten Kleinasiens ist jüngeren Datums. Wenn es früher eine Abgrenzung gab, dann verlief sie hinter der Alpengrenze, wo für die Römer die Barbaren lebten. Europa und die arabische Welt sind auch heute auf

Gedeih und Verderb in einer Schicksalsgemeinschaft miteinander verbunden, ob beide das wollen oder nicht. Wenn in der arabischen Welt militante Bewegungen entstehen, werden sie automatisch zum Sicherheitsproblem Europas. Wenn europäische Länder Waffen in die Nahost-Region liefern, befeuern diese Konflikte, die dann wieder Flüchtlinge produzieren, die über das Mittelmeer kommen.

Jahrzehntelang hat Europa mit arabischen Autokraten im Namen der Stabilität zusammengearbeitet, ob Mubarak, Gaddafi oder Ben Ali. Da waren die arabischen Aufstände gegen diese Diktatoren nur ein kleines Intermezzo. Bei der Kooperation mit anderen arabischen Autokraten am Golf gab es dagegen überhaupt keine Brüche. Die Zusammenarbeit mit den ölreichen autokratischen Golfstaaten wurde nie infrage gestellt.

Mubarak hatte sich immer gerne als Hort der Stabilität und Antiterrorkämpfer verkauft. El-Sisi führt diese Strategie ungebrochen weiter. Er weiß, dass das von europäischer Seite immer geschluckt werden wird. Die Frage ist, ob diese europäische Politik tatsächlich die gewünschten Ergebnisse zeitigt. Ist Ägypten tatsächlich ein Hort der Stabilität? Sind die Autokraten die besten Antiterrorkämpfer oder sind gerade sie es, die ein Klima schaffen, das Menschen dazu treibt, in islamistischer Militanz ihr Heil zu suchen? Sind nicht sie es, die mit ihren korrupten Systemen, miserablen staatlichen Dienstleistungen und Ökonomien, durch die weite Teile der Bevölkerung ein Leben unter der Armutsgrenze fristen, die arabische Welt überhaupt erst in eine Lage gebracht haben, in der viele Menschen Richtung Europa fliehen wollen? Setzt Europa mit den Autokraten wirklich aufs richtige Pferd?

Es gibt keinen schnellen Schwarz-Weiß-Fix für die arabische Welt. Es gibt Argumente dafür, punktuell mit Autokraten zusammenzuarbeiten. Europa muss einen El-Sisi einbinden, um das Nachbarland Libyen endlich zu stabilisieren. Und natürlich liegt es im Interesse Europas, dass die Politik des bevölkerungsreichsten arabischen Landes, in unmittelbarer Nachbarschaft zu Israel und mit dem Suezkanal als einer der wichtigsten Handelsstraßen der Welt, in geordneten Bahnen verläuft. Das Argument „too big to fail", mit dem man Banken rettet, gilt eben auch für Länder. Es gibt aber auch starke Argumente, den Autokraten im Namen des Antiterrorkampfs nicht einfach einen Freifahrtschein auszustellen.

Auf jeden Fall sollte Europa endlich ehrlich mit sich selbst sein, wenn es um die so oft postulierte Förderung von Demokratie und Menschenrechten geht. Oder wie es der arabische satirische Twitterer @KarlreMarks zusammenfasst: „Die Europäische Union wird sich immer groß für die Werte von freier Rede und Menschenrechten einsetzen, solange sie damit nicht einen nützlichen autokratischen Bündnispartner vergrault."

In Europa ist man hin- und hergerissen. Geht es nach demokratischen Werten, müsste man die permanente Verletzung der Menschenrechte und das völlige Fehlen politischer Rechenschaft der arabischen Autokraten ihrer Bevölkerung gegenüber verurteilen. Geht es um Interessen etwa im Antiterrorkampf, hinsichtlich der Sicherung des Ölflusses oder darum, sich Flüchtlinge vom Leib zu halten, versucht man, mit den autokratischen Führern im Gespräch zu bleiben. Diskutiert man darüber mit westlichen Diplomaten, argumentieren diese gerne damit, dass man alle Kanäle offenhalten müsse, auch um Menschenrechte zu verteidigen und um den Autokraten Reformideen einzuflüstern.

Das wirft allerdings die Frage auf, wann und wo Europa mit dieser Politik, die Kanäle offenzuhalten, die Menschenrechtslage konkret verbessert hat. Ist aufgrund dieses Dialogs ein Ägypter oder ein Saudi weniger verhaftet, gefoltert oder zum Tode verurteilt worden? Die Verteidigungslinie der autokratischen Systeme ist immer gleich geblieben. Man verwehre sich gegen die Einmischung in interne Angelegenheiten, respektiere die Entscheidungen der heimischen Gerichte und erwarte das auch vom Rest der Welt. Die Todesstrafe wird dabei als eine Art besonderes Kulturgut dargestellt.

Die Europäer haben bei den arabischen Regimen oft ihre Prinzipien aufgegeben, um sich ein wenig Einfluss in den despotisch verwalteten Ländern zu erkaufen. Im Ergebnis hatten sie am Ende aber keines von beiden – weder haben sie Prinzipien verteidigt noch haben sie mehr Einfluss gewonnen.

Einen Tiefpunkt erreichte die Politik der EU bei den ägyptischen Präsidentschaftswahlen im Mai 2014, bei denen El-Sisi schon vorher als unumstrittener Sieger feststand. Soll man Wahlen beobachten, von denen man weiß, dass deren Rahmenbedingungen äußerst problematisch sind? Wo doch allein die Präsenz von EU-Wahlbeobachtern der Veranstaltung ein Stück weit Legitimität verleiht? Eindeutig ja, sagte die EU und entsandte eine Wahlbeobachtermission. Selbst als deren Ausrüstung im Vorfeld der Wahlen zunächst vom ägyptischen Zoll nicht freigegeben wurde und die Wahlbeobachter einfach nur in ihrem Hotel herumsitzen konnten, wurde die Mission nicht abgeblasen.

Ein erster Bericht, den die EU-Wahlbeobachter unmittelbar nach den Wahlen vorlegten, machte den ganzen Eiertanz der Europäer in Ägypten deutlich. Denn wie berichtet man über Wahlen, aus denen der ehemalige Militärchef El-Sisi mit 96,91 Prozent der Stimmen als Sieger hervorgeht? Der EU war ja nicht entgangen, dass das Land politisch sehr polarisiert war.

Die EU hatte offensichtlich beschlossen, so vage wie möglich zu bleiben. Sie wollte niemanden in Ägypten vor den Kopf stoßen und doch ein bisschen Kritik äußern. So war im europäischen Wahlbericht für jeden etwas dabei, vor allem aber finden sich darin viele europäische Floskeln. So müsse der „politische Raum" in Ägypten ausgeweitet werden und es stehe die „Einbindung aller politischen Kräfte" an. Gleichzeitig hoffe man, dass sich Ägypten weiterhin auf der Roadmap zur Demokratie befände. Da waren die Wahlbeobachter von Democratic International wesentlich deutlicher. „In Ägyptens repressiver Atmosphäre sind wirkliche demokratische Wahlen ein Ding der Unmöglichkeit." Punkt.

Ägypten forderte die Europäer heraus, sich zwischen ihren Werten und ihren Interessen zu entscheiden. Gemäß den allgemein hochgehaltenen Werten hätte die EU den Wahlen nicht einmal den Hauch einer Legitimität verleihen dürfen. Gleichzeitig stand es aber in ihrem Interesse, mit den neuen Machthabern im Gespräch zu bleiben. Die Europäer wollten beides: moralisch als Wiege der Demokratie ernst genommen werden und gleichzeitig die Realität anerkennen, dass man es nun auf absehbare Zeit in der arabischen Welt mit einem antidemokratischen Autokraten zu tun haben wird.

„Was sagt man, wenn man beim diensthabenden Diktator Abdel Fattah El-Sisi zu Besuch ist?", fragte Oliver Welke in der populären ZDF-Satiresendung „heute-show" im April 2018. Dann kam ein real aufgenommener Einspieler des damaligen deutschen Vizekanzlers Sigmar Gabriel bei dessen Ägypten-Visite ein paar Tage zuvor. „Ich finde, Sie haben einen beeindruckenden Präsidenten", sagte da der deutsche Vizekanzler auf einer Pressekonferenz. Das Publikum in der Show lacht. Welke muss das Ganze nur noch mit dem Hinweis auf Tausende Oppositionelle in ägyptischen Gefängnissen und Hunderte Todesurteile garnieren, fertig ist die Realsatire.

Die Doppelzüngigkeit wird auch in konkreten Taten deutlich: Siemens bekommt in Ägypten den größten Kraftwerksbau-Auftrag seiner Geschichte. Frankreichs Rüstungsindustrie macht Milliardendeals mit den ägyptischen Militärs, verkauft ihnen Marineschiffe und Kampfflugzeuge. Und Österreichs Bundeskanzler Sebastian Kurz sucht arabische Partner, um dem heimischen Publikum verkünden zu können, er habe eine Flüchtlingsroute geschlossen.

Europa hat nur ein Ziel: Haltet uns die Flüchtlinge vom Leib

Überhaupt hatten europäische Politiker in den letzten Jahren eine monothematische Obsession, wenn es um die nordafrikanischen Länder ging: Flüchtlingsstopp, Flüchtlingsstopp und noch einmal Flüchtlingsstopp. Sie wollen die Sicherung von Europas Mittelmeergrenze auslagern. Die Küstenländer Nordafrikas sollen die Migranten und Flüchtlinge aufhalten. Fragwürdig ist dabei vieles, fragwürdig ist es aber vor allem, Länder wie Ägypten oder Libyen, die es mit Menschenrechten nicht so genau nehmen, mit der Rolle als Europas Grenzpolizisten zu betrauen.

Aber nicht alle europäischen Ideen stoßen dort auf Gegenliebe. Am Tag vor einem EU-Gipfel im Juni 2018 verkündete der österreichische Bundeskanzler Sebastian Kurz, dass eine Trendwende in der Flüchtlingspolitik möglich sei. In einer dazugehörigen Presseerklärung schlug er Folgendes vor: „Wenn wir uns auf ‚Anlandeplattformen' außerhalb Europas einigen, wird das dazu führen, dass Menschen nach der Rettung nicht automatisch nach Europa gebracht werden, sondern in Drittstaaten." Den Schleppern würde damit die Geschäftsgrundlage entzogen.

Die Idee war einfach: Alles, was an menschlichem Leid in seeuntüchtigen Booten auf dem Weg nach Europa aufgelesen wird, soll in diesen nordafrikanischen Lagern gesammelt werden. Dort würde dann bestimmt, ob die Menschen nach Europa dürfen, nach Hause geschickt werden oder im Lager bleiben. Da säße dann ein EU-Asylbeamter in einer Wüstenbaracke, während draußen am Stacheldraht die ägyptische Polizei oder libysche Milizen patrouillieren.

Das Ganze erwies sich ziemlich schnell als Totgeburt. Völlig offen war bei den damaligen Diskussionen, wie beispielsweise Europäer und Ägypter beim Verwalten und beim Schutz der Flüchtlinge in solchen Anlandezentren zusammenarbeiten sollten. Eine Frage, die sich ganz schnell zu einem europäischen Minenfeld entwickeln hätte können, denn Ägypten und die anderen nordafrikanischen Länder sind bekanntermaßen nicht gerade ein Hort der Rechtsstaatlichkeit und der Menschenrechte. Aber vielleicht noch wichtiger für das Scheitern des Konzepts: Kein nordafrikanisches Land wollte sich für solche „Anlandeplattformen" hergeben, wohl aus Angst, selbst zum Magnet für Flüchtlinge zu werden.

In einem anderen Unterfangen waren die Europäer in Ägypten erfolgreicher. Dass sie die Menschenrechtslage nach El-Sisis Amtsantritt so gut wie nie offen kritisiert hatten, zahlte sich am Ende aus. War Ägypten bis 2016 neben Libyen noch eines der Hauptländer, von dessen Küsten Flüchtlings- und Migrantenboote in Richtung Italien ablegten, hörte das Ende 2016 abrupt auf. Das ägyptische Parlament verabschiedete eine Gesetzesverschärfung gegen Menschenschmuggel. Die ägyptischen Sicherheitsbehörden gingen gegen Schleppernetzwerke vor. Die Küstenwache stoppte Boote. Falls es, wie oft gemunkelt, zuvor eine Zusammenarbeit zwischen Sicherheitskräften und Menschenschmugglern gegeben hatte, war es damit vorbei. Die Anweisung von ganz oben lautete klar, die irreguläre Migration zu stoppen. Das Ergebnis: So gut wie kein Schiff legte mehr in Richtung Italien ab.

Die Europäer lobten Ägypten für sein konsequentes Vorgehen. Auf dem ersten EU-Afrika-Gipfel im Badeort Scharm El-Scheich am Roten Meer im Februar 2019 erklärte der österreichische Bundeskanzler Kurz, dass Ägypten aufgrund der niedrigen Zahlen der ablegenden Flüchtlingsboote in Richtung Europa eine Vorbildfunktion einnehme. Es bestehe die Hoffnung, dass sich „dieses Modell und die sehr gute Zusammenarbeit" mit Ägypten auch auf andere Länder, etwa Libyen, übertrage.

Die Europäer kamen relativ billig davon, denn mehr als Geld brauchte El-Sisi internationale Legitimität. Die deutsche Bundeskanzlerin Angela Merkel sagte bei all ihren Treffen mit El-Sisi Unterstützung in Form von Hilfsprogrammen für die meist aus afrikanischen Ländern stammenden Flüchtlinge in Ägypten zu. Eigentlich eine gute Idee. Denn eine alleinstehende Frau mit drei Kindern, die beispielsweise aus Somalia geflohen ist, bekommt in Ägypten keinerlei finanzielle Unterstützung. Sie muss mindestens vier Kinder haben, um als registrierter Flüchtling monatlich umgerechnet 30 Euro vom UNHCR zu bekommen. Ägypten zahlt nichts, es kann kaum die eigenen Bürger über Wasser halten, und das UN-Flüchtlingshilfswerk ist chronisch unterfinanziert. 2019 waren gerade einmal 45 Prozent des Jahresbudgets der Organisation in Ägypten gedeckt. Für europäisch finanzierte Hilfsprogramme, abgewickelt über internationale Organisationen und lokale Projekte, wäre das ein weites Betätigungsfeld. Allerdings lässt sich eine solche Mammutaufgabe nicht mit ein paar Millionen Euro hier und da bewältigen.

Über ein anderes Instrument, Flüchtlingen zu helfen und Einfluss auf irreguläre Migration zu nehmen, wird bei den Besuchen europäischer Politiker in Ägypten kaum gesprochen. Mit Umsiedlungsprogrammen könnte man die Verwundbarsten und Bedürftigsten der Flüchtlinge nach Europa bringen – Menschen, die Folter und Vergewaltigung erlebt haben, deren unmittelbare Angehörige umgebracht wurden. Beim UNHCR sind entsprechende Fälle registriert und dokumentiert, sie müssten nicht erst in Auffanglagern gefunden werden.

Auch für die aufnehmenden Länder haben solche Programme einen entscheidenden Vorteil: Die Anwärter können einem Sicherheitscheck unterzogen werden, man weiß also, wer kommt. Die Hoffnung auf Umsiedlung wäre für die Flüchtlinge auch die beste Motivation, nicht ihr Leben auf einem Boot zu riskieren.

Doch mit Ausnahme Deutschlands, Schwedens, Großbritanniens, Portugals und Maltas wurden in Europa in den letzten Jahren für Flüchtlinge in Ägypten kaum derartige Umsiedlungsplätze angeboten. Die wenigen Plätze, die es dort für Umsiedlungsprogramme gibt, werden meist im Flüchtlingsdeal für syrische Flüchtlinge mit der Türkei aufgebraucht. Mit Trump haben auch die USA ihre Umsiedlungsprogramme praktisch eingefroren. Nur Kanada und Australien bieten außerhalb Europas noch Plätze an. Von den 250.000 vom UNHCR registrierten Flüchtlingen in Ägypten kamen 2019 nur 4617 Menschen, also weniger als zwei Prozent, in ein Umsiedlungsprogramm. Das ist übrigens im weltweiten Schnitt viel, denn der liegt nur bei ungefähr einem Prozent.

Eine der Hunderttausenden nach Ägypten Geflohenen ist Kalthoum Adam, die aus dem sudanesischen Darfur geflüchtet ist und die ich in ihrer Wohnung im Kairoer Armenviertel El-Baragil getroffen habe. Ihre Geschichte ist eine von vielen. Ihre zehnköpfige Familie lebte zum Zeitpunkt unseres Gesprächs seit zwei Jahren in Kairo. Sie waren geflüchtet, als ihr Dorf in Darfur von sudanesischen Janjaweed-Milizen geplündert und niedergebrannt worden war. Kalthoum, die Mutter, war damals von den Milizen verschleppt worden. Was damals mit ihr geschehen ist, darüber wollte sie nicht reden.

Ein paar Kisten standen in der Ecke, die Habseligkeiten von zehn Menschen. Der Rest der kleinen Wohnung bestand aus Betten und Matratzen und einem Wohnzimmer ohne Fenster, in dem sie im Licht einer einzigen nackten Glühbirne auf dem Boden saßen. Die Eltern sahen ihren Kindern beim Spielen zu. Rauszugehen auf die Straße trauten sie sich nicht. „Gestern hat mein Sohn eine Mülltüte runtergebracht. Ein älterer Jugendlicher ist daraufhin mit einer Peitsche auf ihn losgegangen. Ich bin dann runter, mein Sohn wollte zurückschlagen, aber ich habe ihn zurückgehalten und habe gefragt, warum macht ihr das? Sie sagten, sie müssten ihn erziehen. Sie riefen, was macht ihr hier, ihr seid zu viele geworden", erzählte Kalthoum.

Der Vater Muhammad zeigte mir die verschiedenen Anzeigen, die sie bereits bei der Polizei gemacht hatten. Eine war eine Vermisstenanzeige. Sein ältester, 24-jähriger Sohn war ein paar Monate zuvor zur Arbeit gegangen und war nie wieder aufgetaucht. Die zweite war eine Anzeige, weil ehemalige Nachbarn sie terrorisiert hatten. Mehrmals hatte es Übergriffe gegeben, die Kinder waren geschlagen, ihre Kopftücher mit Rasierklingen zerschnitten worden, und der Nachbar, ein Polizeioffizier, hatte sie mit gezogener Waffe bedroht. Es war eine Anzeige gegen Unbekannt, weil die Polizei sich geweigert hatte, den Namen ihres Kollegen in die Anzeige aufzunehmen. Stattdessen musste die Flüchtlingsfamilie in Kairo umziehen.

Wenn die EU also nun über einen Flüchtlingsdeal mit Ägypten nachdenkt, um Ägypten zur Endstation für die Flüchtlinge zu machen, dachte ich damals, wäre eine vernünftige Integration im Nilland die Voraussetzung, dass Derartiges funktioniert. Denn das Leben der Flüchtlinge in einem Land, das der österreichische Bundeskanzler Kurz bei jeder Gelegenheit als Musterland in der Flüchtlingsfrage bezeichnet, ist oft unerträglich. Arbeit finden fast nur die Frauen, meist als Haushaltshilfen, wo ihre Verwundbarkeit oft ausgenutzt wird. Wie etwa bei Kalthoums Tochter Nuseiba. Sie erzählte von ihrem ersten Arbeitstag. „Ich bin reingekommen und habe die Putzmittel genommen und wollte anfangen zu arbeiten. Die Mutter und ihre Kinder kamen herein, mit einem Hund, der auf mich losgegangen ist. Ich hatte wahnsinnige Angst. Sie haben mich mit dem Hund zusammen in den Raum gesperrt. Ich habe um Hilfe geschrien, sie standen draußen und haben nur gelacht." Nuseiba war kurz davor gewesen, ihr Abitur an einer sudanesischen Schule für Flüchtlinge in Kairo zu machen, hatte die Schule aber unterbrechen müssen, um Geld für die Familie zu verdienen, da der Vater nach einem Bandscheibenvorfall sich weder eine Operation leisten noch arbeiten gehen konnte. Der saß daneben und brach in Tränen aus. Wie schwer muss es für ihn als Vater sein, zu wissen, wie verwundbar seine Familie ist, ohne dass er sie schützen kann.

Dann fragte ich den Vater, ob er Pläne habe, nach Europa zu gehen. „Nein, nein, dafür haben wir kein Geld. Wir haben einfach kein Geld", lautete seine kurze Antwort. Auf die Nachfrage, wie es wäre, wenn sie die Möglichkeit dazu hätten, blickten sie sich kurz gegenseitig an, dann hoben sie alle die Hand.

Merkel, Kurz und andere europäische Politiker steigen nach ihren kurzen Visiten in Kairo wieder in ihr Flugzeug, das sie nach Berlin oder Wien bringt. Für die vergewaltigte Kalthoum und ihre verängstigten Kinder in Kairo gibt es kein Umsiedlungsprogramm, denn für ein solches erfüllte die Familie nicht genug Voraussetzungen oder, wie es im UN-Jargon heißt: Sie war nicht „verwundbar" genug.

Und wenn sie vielleicht irgendwann einmal genug Geld zusammenkratzen, damit einer versuchen kann, sich mit dem Boot nach Europa durchzuschlagen, dann werden sie wahrscheinlich den ältesten Sohn schicken. Der hat die besten Überlebenschancen. Und weil es von Ägypten aus nicht mehr geht, werden sie die Menschenschmuggler kontaktieren, um ihn nach Libyen zu bringen.

Libyen: Kein Ausweg aus der Hölle

In Libyen spielt die eigentliche Musik in Sachen Flüchtlinge. Von dort versuchen die meisten Menschen übers Meer nach Italien oder Malta zu gelangen. Doch dort begeben sich die Europäer auf ein noch viel größeres Minenfeld. Denn um die europäische Grenzsicherung auszulagern, gibt es keine richtigen staatlichen Ansprechpartner, sondern zwei Machtzentren: im Westen des Landes mit der von der UN anerkannten Regierung des Ministerpräsidenten Fayiz As-Sarradsch in der Hauptstadt Tripolis, und im Osten mit dem abtrünnigen General Khalifa Haftar, die beide in einen blutigen Bürgerkrieg verstrickt sind. Seit Jahren kann keine Seite diesen Konflikt militärisch für sich entscheiden, beide Seiten stützen sich auf ein unübersichtliches Geflecht aus bewaffneten Milizen. Das sind denkbar ungünstige Voraussetzungen für eine Auslagerung der europäischen Grenzsicherung, zumal die Milizen selbst als Menschenschmuggler tätig sind.

Trotzdem begann die EU, Millionen Euro in das Land zu pumpen, nicht, um es zu befrieden oder zu stabilisieren, sondern mit dem einzigen Ziel, die Überfahrt der Migranten nach Europa zu stoppen. Die EU setzt dabei auf die libysche Küstenwache. Die soll die Flüchtlingsboote im Mittelmeer auf dem Weg nach Europa aufbringen und die Menschen zurück nach Libyen transportieren, wo sie dann in Haftzentren willkürlich und unter völlig unmenschlichen Bedingungen gehalten werden und Folter, sexueller Gewalt und Zwangsarbeit ausgeliefert sind. Das ist derzeit der Kreislauf der Ware Flüchtling in Libyen, und die Europäer machen hier ohne mit der Wimper zu zucken mit. EU-Politiker bezeichnen das vor laufenden Kameras dann elegant als „Zerstörung des Geschäftsmodells der Schmuggler" oder heften sich, noch eine Ecke zynischer, an ihr Revers, dass sie auf diese Weise sogar Menschenleben retten, weil sie dadurch die Menschen abschrecken, die Mittelmeeroute zu nehmen. Es traten tatsächlich immer weniger die Reise an, aber diese wurde auch tödlicher. Im Jahr 2017 starb nach UNHCR-Angaben jeder 42., der die Reise über das Meer antrat. Im Jahr darauf war es jeder 18. Viele von ihnen lassen sich nicht deshalb auf die Reise ein, weil sie das Paradies Europa erreichen wollen, sondern weil sie der Hölle in Libyen entkommen wollen.

Die EU transferierte Anfang Dezember 2019 mehr als 408 Millionen Euro nach Libyen. Das Geld floss über den EU Emergency Trust Fund for Africa (EUTF for Africa). Ein Fünftel des Geldes wird nach EUTF-Angaben für sogenanntes „integriertes Grenzmanagement" ausgegeben und fließt beispielsweise an die libysche Küstenwache. Fast die Hälfte wird für den Schutz und die Unterstützung von Migranten und Flüchtlingen ausgegeben, heißt es in einem Factsheet der Organisation vom Dezember 2019.

„Seit 2016 hat die EU Millionen Euro in ein Programm investiert, um die libysche Küstenwache auszubauen, speziell deren Kapazität, Boote aufzubringen, die Libyen verlassen“, heißt es in einem Human Rights Watch Report mit dem Titel „Kein Ausweg aus der Hölle“ vom Januar 2019. Dabei seien sich die Europäer voll im Klaren darüber, dass jeder, der an Land gebracht wird, automatisch und willkürlich, ohne Zeitbegrenzung und ohne jegliche gerichtliche Überwachung weggesperrt wird, klagt der Bericht an. „Feigenblatt-Versuche der EU, die Bedingungen in den Lagern zu verbessern und ein paar Menschen von dort wegzubringen, entlasten die EU nicht von ihrer Verantwortung, dass sie dieses barbarische Haftsystem überhaupt erst möglich gemacht hat“, sagte Judith Sunderland, stellvertretende Europadirektorin von Human Rights Watch, bei der Vorstellung des Berichts. Die Tatsache, dass mehr Boote durch die libysche Küstenwache abgefangen wurden, auch in internationalen Gewässern, und die Kriminalisierung von NGO-Rettungsschiffen hätten dazu beigetragen, dass sich die humanitäre Lage in den Lagern in Libyen auch wegen Überfüllung verschärft habe.

Die Nachrichtenagentur AP hat in einer aufwendigen Recherche mit dem Titel „Making Misery pay – Libya Militias take EU funds for Migrants“ herausgefunden, dass in einem Land, in dem es kaum staatliche Institutionen gibt, ein großer Teil der europäischen Gelder in einem Netzwerk aus Milizionären, Menschenschmugglern und Mitgliedern der Küstenwache verschwunden ist, die die Migranten ausbeuten. Mit den Geldern soll beispielsweise die Lage in den

Lagern verbessert werden, in die die Flüchtlinge kommen, wenn sie vom Mittelmeer zurückgebracht werden. Das Problem ist, dass diese Lager, nicht nur die informellen, sondern auch die offiziellen, de facto von den Milizen geführt werden. Human Rights Watch, dessen Vertreter im Sommer 2018 mehrere Lager besucht haben, berichtet von unmenschlichen Bedingungen wie völlig überfüllten Lagern, katastrophalen hygienischen Bedingungen, einer schlechten Versorgung mit Nahrungsmitteln bis hin zu ernsthafter Unterernährung der Insassen. Außerdem berichtet die Menschenrechtsorganisation von verstörenden Zeugenaussagen über Gewalttätigkeiten der Wächter, einschließlich Prügeln, Auspeitschen und der Verwendung von Elektroschocks.

Manche Flüchtlinge, die es später nach Europa geschafft haben, berichten, wie sie mit Elektrokabeln geschlagen wurden, manchen wurden glühende Kohlen auf den Kopf gelegt. Während der Folter werden dann die Verwandten der Opfer im Sudan, in Eritrea oder anderen afrikanischen Herkunftsländern angerufen, die unter dem Schreien ihrer Kinder oder Geschwister aufgefordert werden, ein Lösegeld zu zahlen, damit ihre Verwandten freigelassen werden. Das fände auch in Aufnahmezentren statt, die Millionen Euro europäischer Hilfe erhielten, berichtet AP.

Die Mitglieder der Küstenwache stecken offensichtlich mit den Menschenhändlern unter einer Decke. Es ist ein kompliziertes Netzwerk aus Bestechungsgeldern und gemeinsamen Geschäftsinteressen. Europa schult die Küstenwache und stellt ihr schnellere Boote zur Verfügung. Im Herbst 2019 erneuerte Italien ein Memorandum of Understanding mit Libyen für weiteres Training und weitere Schiffe und lieferte zehn neue Schnellboote an Libyen. Der Europäische Rat scheint mit dem Ergebnis zufrieden zu sein. In einem internen Dokument über die Lage in Libyen vom 4. September 2019, das der Öffentlichkeit von der Organisation Statewatch zugespielt wurde und das auch in der AP-Recherche Erwähnung findet, ist der Europäische Rat voll des Lobes für die libysche Küstenwache. Trotz der, wie es dort heißt, schlechteren Sicherheitslage, nachdem letztes Jahr wieder heftige Kämpfe rund um Tripolis begonnen hatten, sei die Rate der Flüchtlingsboote, die von der libyschen Küste ablegen, gering geblieben. Die Küstenwache „operiert weiterhin effektiv und sichert damit das in den letzten drei Jahren Erreichte". Auch der österreichische Bundeskanzler Kurz sicherte bei einem Treffen mit dem libyschen Regierungschef Fayiz As-Sarradsch in Wien im Januar 2019 der libyschen Küstenwache die volle Unterstützung Österreichs zu. Vor allem die Küstenwache spiele eine „sehr, sehr positive Rolle", erklärte Kurz.

AP berichtet in ihrer Ende 2019 publizierten Recherche, dass die Küstenwache nach eigenen Angaben allein 2019 über 9000 Menschen auf dem Weg nach Europa abgefangen und nach Libyen zurückgebracht habe. Wohl auch, weil sie mit europäischer Ermutigung ihren Operationsbereich von der Küstennähe auf eine 100-Meilen-Zone ausgeweitet hat.

Nun ist die libysche Küstenwache nicht das, was wir uns unter einer regulären, staatlich geführten militärischen Einheit vorstellen. Wie praktisch alle, die in Libyen Waffen tragen, gehören deren Mitglieder den Milizen an. Die AP-Recherche hat beispielsweise eine Küstenwachen-Einheit in der westlibyschen Küstenstadt Al-Zawiya näher unter die Lupe genommen. Sie wird von Abd Al-Rahman Milad kommandiert. Mit ihm hat man den Bock zum Gärtner gemacht, denn Milad wurde vom UN-Sicherheitsrat wegen Menschenschmuggel mit Sanktionen belegt. Aber Libyen wäre nicht Libyen, wenn die UN auf der anderen Seite nicht mit ebendieser Küstenwachen-Einheit zusammenarbeiten würde. Wenn Milads Männer auf See Boote abfangen und Migranten zurück an Land bringen, dann kontaktieren sie dortige UN-Mitarbeiter, damit diese an den Anlegestellen die Migranten medizinisch checken.

Laut AP befindet sich Milad trotz der Sanktionen und eines Haftbefehls weiter auf freiem Fuß, weil er von den lokal allmächtigen Al-Nasr-Milizen protegiert wird, die von Muhammad Kachlaf angeführt werden, der wegen Menschenschmuggels ebenfalls auf der UN-Sanktionsliste zu finden ist. Nicht nur das. Milad bewegt sich sogar auf internationalem Parkett. Vor den Sanktionen gegen ihn flog er zusammen mit anderen Milizenführern als Teil der libyschen Delegation nach Rom zu einem von der UN gesponserten Migrationstreffen. Zu seinen Verbindungen zu den Menschenschmugglern gefragt, antwortete er, dass diese rein zufällig die gleichen Uniformen trügen wie seine Männer bei der Küstenwache.

Die Milizen kassieren am Ende doppelt ab. Von der EU werden sie bezahlt, um die Schiffe aufzuhalten, und von den Schmugglern, um sie durchzulassen. Dabei gibt es anscheinend ein ausgeklügeltes System, um die meisten Schiffe aufzuhalten und zurückzubringen, bei einigen jedoch wegzuschauen. „Die Schmuggler bestechen die Küstenwache mit ungefähr 10.000 Dollar pro Boot, damit es passieren kann", erklärt Tarik Lamloum von der libyschen Menschenrechtsorganisation Beladi gegenüber AP. Man kann sich ausmalen, was die von den Flüchtlingen bezahlten Schmuggelgelder für eine Tour einbringen.

Niemand Geringerer als der Chef der libyschen „Abteilung zur Bekämpfung irregulärer Migration", die dem Innenministerium zugeordnet und für die offiziellen Migranten-Haftzentren an Land verantwortlich ist, gibt offen zu, dass es eine informelle Zusammenarbeit zwischen Milizen, der Küstenwache und den Menschenschmugglern und sogar Regierungsmitarbeitern gibt. „Sie liegen zusammen im Bett, genauso wie mit Leuten aus meiner eigenen Institution", gibt Al Mabrouk Abdel-Hafez gegenüber AP frustriert und freimütig zu.

Immerhin, man ist nicht überall in der EU begeistert von der libyschen Küstenwache. Zum Memorandum of Understanding vom Herbst 2019 zwischen der italienischen Regierung und der Küstenwache gab es auch durchaus kritische Töne innerhalb der EU. Dunja Mijatović, die Menschenrechtskommissarin des Europarates, drückte in einer Erklärung am 31. Januar 2020 ihr Bedauern aus, dass Italien das Abkommen nicht kündigt oder zumindest modifiziert. Sie habe bei vielen Gelegenheiten immer wieder betont, heißt es dort, dass „bestimmte Arten der Zusammenarbeit mit der libyschen Küstenwache zu einer wachsenden Rückführung Asylsuchender nach Libyen geführt hätten, wo sie ernsthaften Menschenrechtsverletzungen ausgesetzt sind".

Die EU zeigt in ihren eigenen Dokumenten auf, dass sie sich der Gefahr bewusst ist, die in der Auslagerung der Migrationskrise liegt. AP berichtet von Budgetdokumenten, die auf Anfang 2017 zurückgehen und in denen es um Ausgaben von 90 Millionen Euro ging. Dort wurde klar vor dem hohen Risiko gewarnt, dass Europas Unterstützung zu mehr Menschenrechtsverletzungen gegen die Migranten führen könnte. Offensichtlich waren sich die EU-Beamten bewusst, dass sie hier ein ernsthaftes Imageproblem bekommen könnten. Ein neueres EU-Assessment spricht laut AP davon, dass die Gefahr der falschen Wahrnehmung bestehe, dass europäisches Geld solche Misshandlungen unterstütze. Die EU hat hier also vor allem Sorge um ihr Image. Wobei manche EU-Beamte kein Blatt vor den Mund nehmen, wie Catherine Ray, damals Sprecherin der EU-Außenbeauftragten Federica Mogherini. Sie formulierte das einmal vor

Reportern in Brüssel ziemlich unumwunden: „Uns sind die oft skandalösen, sogar unmenschlichen Bedingungen total bewusst, wie Migranten in den Empfangslagern in Libyen behandelt werden."

In einem Bericht mit dem Titel „The Political Economy of Migrant Detention in Libya" beschreibt der Migrationsforscher Arezo Malakooti das libysche Geschäftsmodell. „Einige Milizen nutzen den europäischen Fokus der Migrationseindämmung, um ihren Ruf zu verbessern, indem sie sich selbst als Partner im Anti-Schmuggler-Kampf präsentieren, während sie heimlich ihre Schmuggleraktivitäten weiterführen", heißt es dort. Bewaffnete Gruppierungen würden von der Unterschlagung internationaler Hilfsgelder profitieren. Insofern dämmt die EU nicht nur Migration ein, sondern unterstützt indirekt die Milizen, eines der Grundübel des staatlichen Scheiterns in Libyen. Dabei unterminiert die EU mit dieser Politik ihre eigenen Ziele. Denn am Ende kann die Lage in Libyen nur durch ein staatliches Gewaltmonopol und die Lage der Flüchtlinge nur durch Rechtsstaatlichkeit unter Kontrolle gebracht werden.

Problematisch ist nicht nur die Zusammenarbeit der EU mit der Küstenwache, die die Menschen dann in die Lager transferiert. Die EU zahlt auch Millionen Euro, meist an UN-Organisationen, die in Libyen arbeiten, beispielsweise für Verträge zur Ausgabe von Nahrungsmitteln an die Migranten. Mit dem Geld werden dann libysche Catering-Firmen beauftragt, die wiederum von Milizführern kontrolliert werden und einen Teil der Gelder für sich abzweigen, einer der Gründe für die schlechte Versorgungslage in den Lagern.

AP berichtet, dass manche der Lager wie Fürstentümer geführt werden, zum Beispiel jenes des Milizführers Muhammad Al-Khoja. Das gilt auch für ein Lager, das „Gathering and Departure Facility“ (GDF) genannt wird. Das mit EU-Geldern finanzierte Lager in Tripolis wurde im Dezember 2018 eröffnet. Die Idee war, Flüchtlinge von dort aus auf geordnetem Weg nach Europa oder in ihre Herkunftsländer zu verteilen. Die EU hoffte, dass in diesem neuen Lager die Missstände in den anderen Lagern nicht wiederholt würden. Auch für dieses Lager wurden Verträge in Millionenhöhe für Catering und andere Dienstleistungen abgeschlossen, mit einer Firma, die von Milizchef Muhammad Al-Khoja kontrolliert wird, wie aus internen UN-Dokumenten hervorgeht, die AP vorliegen. Offensichtlich sehr gewinnbringende Verträge. AP hat herausgefunden, dass in den Lagern pro Insasse etwa 50 Libysche Dinar, umgerechnet 32 Euro, am Tag für Essen, Unterkunft und Extras wie Hygieneartikel budgetiert sind, in Wirklichkeit aber nur etwas mehr als ein Euro pro Mahlzeit ausgegeben wird.

So ist es auch kein Wunder, dass Recherchen des ARD-Magazins „Panorama“, die im Februar 2020 veröffentlicht wurden, ergaben, dass es im GDF an Essen und einfachen Hygieneartikeln wie Seife fehle. „Wenn es Essen gibt, kommt es zu Gedränge. Wer zu spät kommt, geht leer aus“, berichtete dort ein sudanesischer Flüchtling. Aus Angst vor Repressionen wollte er nicht, dass sein Name genannt wird. Sobald er etwas Geld habe, würde er sich ein Stück Seife kaufen, sagte er. Er erzählte auch, dass Kriminelle ins Lager kämen, um andere Flüchtlinge als Prostituierte oder Drogenhändler anzuwerben.

Schon Wochen zuvor hatte das UN-Flüchtlingshilfswerk UNHCR gewarnt, dass die Situation im GDF wegen Überfüllung außer Kontrolle gerate. Ungefähr zum Zeitpunkt der „Panorama“-Veröffentlichung suspendierte das UNHCR dann seine Arbeit im GDF, weil in unmittelbarer Nachbarschaft des Lagers militärische Drills der Milizen stattfanden. Man fürchte, das Zentrum könnte zu einem militärischen Ziel werden, erklärte der Sprecher der Organisation. Eine durchaus begründete Angst. Erst wenige Monate zuvor war es bei einem Angriff auf das Lager Tajoura zu einem Blutbad unter den Insassen gekommen. 33 von ihnen starben, 130 wurden verletzt. Offensichtlich steht das GDF, das EU-Musterlager in Libyen, unter keinem guten Stern.

Der österreichische Bundeskanzler Kurz wehrte sich bei einem Israel-Besuch im Sommer 2019 gegen den Vorwurf, er sei gegen die Rettung von Bootsflüchtlingen im Mittelmeer. „Es gibt niemanden, der dagegen ist, Menschen zu retten, und auch niemanden, der darüber diskutieren will", erklärte er und fügte hinzu: „Die Frage ist einzig und allein, was passiert nach der Rettung." Da hat er recht.

Das arabische Dreigespann: Armut, Ungleichheit und Machtlosigkeit

In seinem Film „Leiter nach Damaskus“ beschreibt der syrische Filmemacher Mohamad Malas das Leben einer Wohngemeinschaft in der syrischen Hauptstadt zu Beginn des Aufstandes gegen Baschar Al-Assad. Das 2013 produzierte Drama zeigt die Zeit des Übergangs, als die idealistischen jungen Bewohner realisieren, dass ihre Hoffnungen auf einen friedlichen Wandel von der brutalen Antwort Assads und dessen Kerkern und Folterkammern zunichtegemacht werden. In der ersten Szene gibt es einen Satz, der mir in Erinnerung geblieben ist. Einer der Helden des Films, ein junger Student, der in der Wohngemeinschaft lebt, blickt direkt in die Kamera und sagt: „Ich lebe in einem Land, das mir nichts gibt und das mir alles genommen hat.“

Es ist ein Satz, der mitten ins Herz einer ganzen Generation trifft und der nicht nur auf Syrien, sondern auf die gesamte arabische Welt in den Jahren nach der Arabellion zutrifft. Mit Ausnahme Tunesiens hat diese Zeit der Hoffnung kein einziges demokratisches System hervorgebracht. Im Gegenteil: Die arabischen Autokraten haben in den Jahren der Restauration das Rad wieder zurückgedreht. Statt ihre Hoffnungen erfüllt zu sehen, erleben die jungen Araber und Araberinnen, dass sich ihre Situation, gegen die sie 2011 mutig aufgestanden sind, nicht nur nicht verbessert, sondern meist sogar verschlechtert hat. Die Repression ermöglicht praktisch keinen politischen Handlungsspielraum mehr, machtlos sehen alle zu, wie die Korruption ihre Länder von innen zerfrisst, und was wahrscheinlich am erdrückendsten ist: Eine ohnehin prekäre wirtschaftliche Lage hat sich noch mehr verschlimmert und drückt viele von ihnen sozial in die Ecke.

Am anschaulichsten wird das, wenn man arabische Jugendliche nach ihren Zukunftswünschen befragt. Laut einer Meinungsumfrage des Arab Barometer, einem Netzwerk aus US-Universitäten und arabischen Meinungsforschungsinstituten, wollten 2019 in sechs von elf untersuchten arabischen Ländern mehr als die Hälfte der jungen Menschen auswandern. In Marokko waren es 70 Prozent der Befragten zwischen 18 und 29 Jahren, im Sudan fast zwei Drittel. In Jordanien beantworteten sechs von zehn Jugendlichen die Frage mit Ja, gefolgt von Tunesien und Algerien mit 56 Prozent, in Ägypten waren es knapp die Hälfte. Als Hauptgrund wurde meist die wirtschaftliche Lage angegeben.

Wenn die Armut zur Norm wird

Nach der Arabellion 2011 war die arabische Welt die einzige Region der Welt, in der die extreme Armut zugenommen hat, stellt der UN-Bericht „Arab Sustainable Development 2020" fest. Mit Ausnahme Afrikas südlich der Sahara hat die arabische Welt die höchsten Raten extremer Armut weltweit. In Ägypten leben laut Definition des staatlichen Statistikamtes all jene unter der Armutsgrenze, die umgerechnet nur unglaubliche einen Euro und 30 Cent oder weniger am Tag zur Verfügung haben. Menschen, die unter diesen Umständen leben müssen, sind keine Randerscheinung, und ihre Anzahl steigt. So lebten 2015 im Nilland

28 Prozent der Bevölkerung unter dieser Grenze. Vier Jahre später war diese Zahl auf 33 Prozent angestiegen. Jeder dritte Ägypter versucht also, mit weniger als 1,30 Euro am Tag zu überleben. Die Steigerung der Armut in Ägypten war das Ergebnis von Sparmaßnahmen und der Entwertung des ägyptischen Pfunds im Jahr 2016. Für die Armen am spürbarsten war aber ein Ansteigen der Preise. Laut Rabab El-Mahdi, Professorin an der Amerikanischen Universität in Kairo, die das dortige Alternative Policy Solution Center leitet, das sich auf Armutsstudien spezialisiert hat, haben sich die Preise für Grundnahrungsmittel zwischen 2010 und 2018 um sage und schreibe 360 Prozent erhöht, also mehr als vervierfacht.

Armut bedeutet nicht nur, kein Geld, sondern auch keine Optionen zu haben, und vor allem ausgeschlossen zu sein. Wie die Menschen im Dorf Al-Mawaseer im nördlichen Nildelta, in einer verarmten, entlegenen Gegend, vergessen vom Staat und vom Rest der Welt. Am 13. November 2019 geschah dort etwas Unerwartetes. Den Vergessenen wurde etwas gegeben, ein vermeintlicher Segen ergoss sich über das Dorf. Auf einem Handyvideo hat einer der Dorfbewohner diesen freudigen Moment festgehalten, als praktisch der ganze Ort auf den Beinen war. Sie sind mit Motorrikschas, Eselskarren, Fahrrädern oder zu Fuß gekommen. Es herrscht eine fast überschwängliche Atmosphäre, als sie alle rund um einen Graben stehen, leere Kanister in der Hand. Mehrere Dutzend stehen unten im Graben und füllen ihre Kanister.

Eine Pipeline einer staatlichen Raffinerie in Tanta, die hier entlangläuft, war angebohrt worden. Die Täter, ein Klempner und ein Metallarbeiter, die die Leitung illegal angezapft und den so abgezweigten Treibstoff auf dem Schwarzmarkt verkauft hatten, hatten an diesem Morgen ihre selbst gebastelte Rohrabzweigung nicht mehr dicht bekommen und waren geflohen.

„Das erste Mal in meinem Leben passiert etwas Gutes in unserem Dorf", ruft einer der Dorfbewohner am Rande des Grabens im Video. Die anderen signalisieren lachend ihre Zustimmung. Männer, Frauen und Kinder stehen mit ihren Kanistern wadentief im kostbaren Nass.

Die Freude hielt einige Stunden an. Dann kam der Moment, als jemand aus Unachtsamkeit einen Zigarettenstummel in den Graben warf. Das Ergebnis war ein unbeschreibliches Inferno, erzählen einige der Überlebenden am nächsten Tag, an der gleichen Stelle stehend, der Nachrichtenplattform „Sada El-Balad", um sie herum sieht man niedergebrannte Felder und ausgebrannte Motorrikscha-Wracks.

Neun Menschen waren am Tag zuvor umgekommen, elf weitere wurden schwer verletzt. Laut Untersuchung war das nicht der erste Fall dieser Art. Dieser geriet nur wegen der Explosion an die Öffentlichkeit. Zehn Menschen standen später dafür vor Gericht. Fünf wurden zum Tode verurteilt, die anderen fünf erhielten eine lebenslängliche Haftstrafe. „Unter den Dorfbewohnern gab es keinerlei Unrechtsbewusstsein, den staatlichen Treibstoff zu stehlen. Sie holen sich vom Staat, der sie ignoriert, was sie an Dienstleistungen nicht von ihm bekommen", kommentierte die ägyptische Tageszeitung „Al-Shorouk".

Derweil ist Armut in der arabischen Welt kein ausschließlich ländliches Phänomen. Laut dem „UN Arab Human Development Report 2016" lebten in den am wenigsten entwickelten Ländern der Region fast zwei Drittel der Stadtbewohner in Armenvierteln. Gemessen an der gesamten städtischen Bevölkerung in der Region waren es immerhin noch rund 28 Prozent.

Laut dem globalen Armuts-Bericht der UN-Entwicklungsorganisation UNDP gelten ein Fünftel der Bevölkerung der arabischen Welt oder anders gesprochen 65 Millionen Menschen als extrem arm. Aber während traditionell die Armutsgrenze nur am Einkommen gemessen wird, gewinnt in den letzten Jahren ein neuer Ansatz immer mehr Anhänger: der Multidimensional Poverty Index (MPI), zu Deutsch „Mehrdimensionaler Armutsindex“. Entworfen wurde dieser Index von der Poverty and Human Development Initiative (OPHI) an der Universität Oxford und er findet immer mehr Eingang in die UN-Entwicklungsberichte. Man könnte das Ganze als einen holistischeren Ansatz der Armutsmessung beschreiben.

Denn dieser Index nimmt nicht nur das Einkommen als Indikator für Armut, sondern versucht ein umfassenderes Bild der Armutsbedingungen zu geben: Dazu zählen neben den Ausgaben der Haushalte andere Indikatoren wie Gesundheit und Bildung sowie Maßstäbe für den Lebensstandard wie Ernährung, Kindersterblichkeit, Anzahl der Schuljahre, Hygiene, Zugang zu Elektrizität und sauberem Trinkwasser sowie noch weitere Faktoren.

Legt man diesen Maßstab zugrunde, ergeben sich in der arabischen Welt haarsträubende Armutsraten. In ihrem „Arab Multidimensional Poverty Report 2017“ hat die Economic and Social Commission for Western Asia (UNESCWA), eine UN-Organisation, zehn bevölkerungsreiche arabische Länder, ausgenommen die ölreichen Golfstaaten, untersucht. Danach lebt dort ein Viertel der Bevölkerung, in absoluten Zahlen 116 Millionen Menschen, in multidimensionaler Armut. Aber die Studie geht noch weiter und stuft weitere 41 Prozent als „verwundbar“ ein. Das heißt: Vier von zehn Menschen in diesen Ländern sind in Gefahr, in Armut abzustürzen. Eine Familie wird als verwundbar und armutsbedroht charakterisiert, wenn ihr Einkommen gerade einmal die grundlegendsten Dinge des Lebens finanzieren kann und jeder Einschnitt im Einkommen oder jede Erhöhung von Preisen sie in Armut stürzen kann. In Summe bedeutet das, dass zwei Drittel der Bevölkerung dieser arabischen Länder entweder in Armut lebt oder vor der Gefahr steht, in diese abzustürzen. Oder anders gesagt, abgesehen von der Bevölkerung in den reicheren Golfstaaten sind zwei von drei Arabern entweder arm oder von Armut bedroht.

Weltweit sind alle ungleich, aber manche sind ungleicher

Der Weggefährte der Armut ist die Ungleichheit. Die Massenarmut hat auch zur Folge, dass der Nahe Osten die Region mit der größten Ungleichheit weltweit ist. Das hat das sogenannte World Inequality Lab festgestellt, das in einer Studie zur Ungleichheit im Nahen Osten 2018 zum ersten Mal Daten von Einkommen und Reichtum der Bevölkerung für die Jahre 1990 bis 2016 gesammelt und ausgewertet hat. Die Studie umfasst 15 Länder in der Region, von Ägypten bis zum Iran über die Golfstaaten und die Türkei. Um George Orwells berühmtestes „Animal Farm"-Zitat „Alle sind gleich, aber manche sind gleicher" auf den Kopf zu stellen: Weltweit sind alle ungleich, aber manche sind ungleicher und der Nahe Osten schlägt hier alle Rekorde. Denn dort fließen 64 Prozent des gesamten regionalen Einkommens zu den obersten zehn Prozent Top-Verdienern. Zum Vergleich: In den USA beträgt dieser Wert 47 Prozent, in Westeuropa 37 Prozent. Die untere Hälfte der Verdiener erhielt im Nahen Osten dagegen gerade einmal 9 Prozent des gesamten regionalen Einkommens. In Westeuropa ist diese Zahl doppelt so hoch. Deutlich wird an diesen Zahlen auch, dass es im Nahen Osten nur eine sehr kleine Mittelschicht gibt. Als Gesamtregion konkurriert er mit den ungleichsten Ländern der Welt wie Brasilien und Südafrika mit dem Erbe der Apartheid.

Diese Ungleichheit führt dazu, dass die Mehrheit der arabischen Bevölkerung nicht von den wirtschaftlichen Wachstumsraten profitiert, für die die arabischen Länder vor der Covid-Krise von internationalen Organisationen wie dem IWF gefeiert wurden. Neuseeland mag weit weg von der arabischen Welt liegen, aber es ist die Ministerpräsidentin Jacinda Ardern am anderen Ende der Welt, die diesen kurzsichtigen Blick auf Wachstumsraten weltweit am prägnantesten kritisiert. „Wenn die Wirtschaft wächst, während sich die soziale Lage verschlechtert, dann ist das keine Geschichte des Erfolges, sondern des Scheiterns", erklärte sie im Juni 2020. Die arabischen Länder sind ein perfektes Beispiel für diese Aussage. „Es ist auffällig, dass es zwischen den wirtschaftlichen Wachstumsraten und den nur schleppend wachsenden Haushaltseinkommen keine Verbindung gibt. Das bedeutet, dass das Wirtschaftswachstum dazu führt, dass sich Reichtum konzentriert, anstatt Ungleichheiten zu vermindern", schlussfolgert der UN-Bericht „Arab Sustainable Development 2020" niederschmetternd.

„Ungleichheit kann man in nahezu allen Bereichen des Lebens und der Gesellschaft finden, beim Gefälle zwischen Stadt und Land ebenso wie bei Geschlecht, Einkommen und Ethnizität, weil die Ungleichheit im Nahen Osten ein zutiefst strukturelles Problem ist und nicht das Ergebnis kurzfristiger ökonomischer Krisen", schreibt der libanesische Kolumnist Rami Khouri dazu.

In Kairo ist diese Ungleichheit an zwei Entwicklungen sichtbar. In den letzten drei Jahrzehnten sind dort vollkommen unkontrolliert Armenviertel wie Pilze aus dem Boden geschossen, meist am Rand der Stadt, mit unverputzten, illegal gebauten Häusern, nicht asphaltierten, engen Gassen, in die so gut wie nie ein Sonnenstrahl fällt und in denen oft das Abwasser entlangrinnt. Diese informellen Viertel, die ohne jegliche urbane Planung oder adäquate Infrastruktur entstanden sind, machen inzwischen einen großen Teil der Stadtfläche von Kairo und Gizeh aus. Wie groß die Fläche ist, die sie bedecken, und wie viele Menschen dort leben, darüber gibt es unterschiedliche Angaben. Laut Khalil Shaath, der jene Abteilung leitet, die für die Stadtverwaltung Kairos diese Viertel entwickeln soll, lebt die Hälfte der Bevölkerung der Stadt in 109 informellen Vierteln. Auch in Alexandria lebt die Hälfte der Stadtbewohner in Slums. Landesweit waren laut dem staatlichen Statistikamt 2018 fast 40 Prozent der gesamten urbanen Fläche Ägyptens als „informelle Siedlungen" eingestuft. Die wahre Zahl ist wahrscheinlich höher, da viele dieser informellen Viertel nicht erfasst sind, was in der Natur nicht formell registrierter Gebäude liegt. Übrigens sind die städtischen Armenviertel nicht allein ein ägyptisches Phänomen. Laut einem Recherche-Papier zur Vorbereitung des nächsten „Arab Human Development Report" mit dem Titel „Leaving No One Behind" gibt es mindestens sieben Länder in der Region, in der die Hälfte der städtischen Bevölkerung in Slums lebt. Spitzenreiter ist der Sudan mit über 90 Prozent.

Doch zurück nach Kairo. Die Armenviertel am Rande der Stadt sind dort meist durchzogen von Autobahnen oder überspannt von Brücken, über die Schnellstraßen führen, die die Reichen benutzen, um von ihren Büros in Kairo zu ihren ummauerten und bewachten Wohnanlagen außerhalb der Stadt zu gelangen. Abfahrten in die Armenviertel gibt es nur wenige. Die Schnellstraßen dienen fast ausschließlich den Bessergestellten, die meist noch nie irgendeines dieser Armenviertel von innen gesehen haben.

Die Ironie ist, dass an den Rändern dieser Schnellstraßen ein ganzer Wald riesiger Pfeiler mit überdimensionalen Werbetafeln steht, die für die Vorbeifahrenden Luxus-Wohnanlagen feilbieten, meist nur auf Englisch. Wer in den Armenvierteln aus dem Fenster blickt, der sieht auf den Werbeflächen fröhliche, reiche Menschen am Swimmingpool in Wohnanlagen, die so unarabisch exotisch klingende Namen wie „Palm Hills", „Mountain View" oder „Swan Lake", „Hyde Park" oder „Beverly Hills" tragen.

Für die Einwohner der Armenviertel bieten diese Werbetafeln einen täglichen Blick in eine andere, ferne, für sie unerreichbare Welt. Selbst der Kauf auch der moderatesten legalen Wohnung ist für sie vollkommen unerschwinglich. Aber der Wohnungsmarkt der Reichen ist so lukrativ, dass Immobilienentwickler in den letzten zwei Jahrzehnten zahlreiche solche riesige „Swan-Lake"-Wohnanlagen außerhalb Kairos aus dem Boden schießen ließen, meist mit gleich aussehenden Villen mit Swimmingpool oder kleineren Reihenhäusern mit Gärten inmitten großzügig angelegter Grünanlagen und künstlicher Seen, oft sogar mit angeschlossenem Golfplatz. Das Ganze ist stets umgrenzt von einer Mauer und bewacht von einem privaten Sicherheitsdienst. Ein Großteil der reicheren Kairener ist in den letzten Jahren in diese sogenannten Compounds gezogen und hat die enge, stinkende und vollkommen überfüllte Stadt hinter sich gelassen.

Im März 2020 machte der Werbefilm einer solchen geschlossenen und bewachten größeren Wohnanlage mit dem Namen „Madinaty", zu Deutsch „Meine Stadt", Furore. Drohnenaufnahmen zeigen die weiträumigen Parkflächen mit englischem Rasen und erfrischenden Sprinkleranlagen. „Wenn ich nach Madinaty komme, spüre ich, dass ich eine andere Welt betrete“, schildert eine elegante Dame. Ein andere sagt: „Ich habe mein ganzes Leben in England verbracht und als ich hierherkam, war es vollkommen klar, dass ich nach Madinaty ziehe.“ Eine junge Frau schiebt ihren Kinderwagen makellose, leere Gehwege entlang und schwärmt auf Arabisch, wie weiträumig alles sei. Und außerdem gebe es, und sie wechselt ins Englische, „Privacy“. Ein anderer Einwohner behauptet schwärmerisch: „Manchmal verlassen wir diesen Ort das ganze Jahr nicht.“ Eine Studentin führt aus, dass hier alle Jugendlichen der Elite angehören und eine wunderbare „Community“ bilden. Man könne auch um ein Uhr nachts spazieren gehen, es gebe an jedem Ort Überwachungskameras. Die Busse seien klimatisiert, da komme noch nicht einmal Deutschland mit, und der Golfplatz entspreche internationalen Standards.

Dieser elitäre, für die absolute Mehrheit der Ägypter provozierende Madinaty-Werbefilm löste eine regelrechte Gegenbewegung aus. Jugendliche begannen, parodistische Werbefilme ihrer Armenviertel ins Netz zu stellen, unterlegt mit der gleichen optimistischen Musik, die den Madinaty-Werbefilm begleitet. „Unser Viertel ist einzigartig“, beginnt eines dieser Videos, „du erkennst es sofort am Geruch, wenn du dort ankommst.“ Dann folgt eine offensichtliche Anspielung auf die Dame im Madinaty-Clip, die ihr ganzes Leben in England verbracht hat und sich in Ägypten nichts anderes vorstellen konnte, als in ihren Compound zu ziehen: „Das erste Mal, als ich beschlossen habe, mich in Ägypten niederzulassen, habe ich nichts anderes als unser Viertel gefunden“, erzählt ein junger Mann, während hinter ihm ein lauter Stau mit Motorrikschas die Straßen verstopft. Und dann hätten sie auch diese schönen Grünflächen, redet er weiter, während die Kamera über einen vollkommen zugemüllten Platz fährt.

Über Nacht tauchten Dutzende solcher Madinaty-Parodien im Netz auf und verbreiteten sich wie ein Lauffeuer in den Sozialen Medien. Der ägyptische Musiker 5amsaRap stellte ein Musikvideo online mit dem Titel „Einige leben oben, die anderen unten", in dem er das Madinaty-Video und Bilder aus den Armenvierteln gegenüberstellt. „Wir leben im Abwasser, haben keine netten Sportplätze, aber wir sind athletisch, wenn wir vor der Polizei davonlaufen", rappt er. „Es gibt für uns nichts zu tun, es gibt niemanden, bei dem wir uns beschweren können. Wir arbeiten, um Essen auf den Tisch zu bringen. Unsere unbekannte Zukunft tangiert uns nicht. Unsere Armut langweilt uns."

Ausgeschlossen zu sein ist das Grundgefühl eines großen Teils der Menschen in der arabischen Welt. Sie sind ausgeschlossen aus allen politischen Entscheidungen. Selbst wenn die Wirtschaft ihres Landes wächst, sind nicht sie es, die davon profitieren. Ein Sinnbild des wirtschaftlichen Ausschlusses ist, dass laut dem UN-Bericht „Arab Sustainable Development 2020" zwei Drittel der erwachsenen Araber noch nicht einmal ein Bankkonto besitzen, geschweige denn einen Kredit beantragen können.

Genau dieses massenhafte Ausgeschlossensein ist einer der wichtigsten Faktoren für die Instabilität des Nahen Ostens. Ganze Armeen aus Milizen und Terrororganisationen rekrutierten in den letzten Jahrzehnten mithilfe des sozialen Unfriedens Anhänger in der arabischen Welt. Die Rechnung ist einfach: Je mehr Menschen am wirtschaftlichen Wachstum teilnehmen und mit an Bord genommen werden, umso stabiler und friedlicher ist eine Gesellschaft. Der Nahe Osten ist der automatische Umkehrschluss dieser These. In der arabischen Welt weigern sich die Eliten strikt, zumindest einen Teil ihres großen Kuchenstücks weiterzuverteilen. Das kann auf Dauer nicht gut gehen. Oder wie es

Adel Abdellatif, der Hauptautor des „Arab Human Development Report" während eines Besuchs bei mir zu Hause 2019 in einen einzigen Satz fasste: „Fortschritt ist, wie viele Menschen du in dein Zelt hineinnehmen kannst. Wenn zu viele draußen stehen, zerstören sie dein Zelt."

Doch die Ungleichheiten sind auch unter den arabischen Ländern groß. Frappierend sind etwa die enormen Unterschiede zwischen den ölreichen und den bevölkerungsreichen arabischen Ländern. Und diese Unterschiede wachsen auch noch. Der UN-Bericht „Arab Sustainable Development 2020" stellt fest, dass im Jahr 2010 das Bruttonationaleinkommen der reichen arabischen Ölländer 13 Mal so hoch war wie das der anderen arabischen Länder. Sieben Jahre später war die Kluft bereits auf 20 Mal gewachsen.

Die Hälfte des regionalen Einkommens kommt auf die Golfstaaten, die aber nur 15 Prozent der gesamten Bevölkerung der Region stellen, schreibt Lydia Assouad, eine der Autorinnen der Studie des World Inequality Lab zur Ungleichheit im Nahen Osten. Öl und Gas sind in der Region der wichtigste Treibstoff für Ungleichheit.

Der andere ist Korruption und Vetternwirtschaft. Überall in der arabischen Welt schaffen es die Eliten, die Haupteinnahmequellen des Staates in ihre eigenen Taschen umzuleiten, und platzieren ihren Reichtum dann auf Offshore-Konten oder investieren ihr Kapital anderwärtig außerhalb der Region. Laut der internationalen Immobilien-Beraterfirma Knight Frank war kurz vor der Covid-19-Krise noch erwartet worden, dass nahöstliche Investoren 2020 weitere 5,3 Milliarden Dollar allein im Londoner Immobilienmarkt investieren würden.

„Die Fähigkeit der Eliten, einen Teil des nationalen Einkommens für sich abzuzweigen, ist nicht auf die Ölproduzenten reduziert, sondern kann auch in anderen Ländern wie dem Libanon beobachtet werden. Nimmt man ethnische, religiöse, familiäre oder Stammesloyalitäten hinzu, entsteht daraus ein extrem ungleiches System. Solche Loyalitäten fördern Protektion, Korruption und Vetternwirtschaft entlang ethnischer, konfessioneller und Stammeslinien", schreibt Lydia Assouad. In den meisten arabischen Ländern hat sich eine Art parasitärer Privatsektor herausgebildet. Dessen Geschäftsgrundlage ist die Nähe zur Macht. Die Grenzen zwischen öffentlichem und privatem Kapital sind verschwommen. Das schafft entscheidende Vorteile für Eliten und züchtet ein Klientelsystem sowie Korruption – und noch mehr Ungleichheit.

Die demografische Zeitbombe

Und als wären Massenarmut und strukturelle Ungleichheit nicht schon genug an sozialem Sprengstoff, hat die arabische Welt noch eine andere explosive Zutat – die Zusammensetzung ihrer Bevölkerung. Nicht nur, dass diese unaufhaltsam wächst. 1990 machte die Bevölkerung der Staaten der Arabischen Liga noch 220 Millionen Menschen aus, heute sind es mit 420 Millionen fast doppelt so viele. Aber, demografisch noch entscheidender: Von der Bevölkerung, die in den letzten Jahren hautnah eine Verschlechterung ihrer Situation erlebt hat, sind 60 Prozent unter 30 Jahre alt. Auch hier ist die Tendenz steigend. Waren 1990 noch 40 Millionen Araber unter 30 Jahre alt, sind es laut UN-Statistik heute 253 Millionen – eine Versechsfachung.

Bildung ist dabei eine der größten Herausforderungen der arabischen Gesellschaften, vor allem in den Ländern, die direkt oder indirekt von bewaffneten Konflikten betroffen sind. Dort gehen mehr als 13 Millionen Kinder nicht zur Schule, heißt es im „Arab Human Development Report 2016“. Eine Zahl, die sich in den letzten Jahren mit Sicherheit noch vergrößert hat.

Doch im gleichen Bericht wird auch festgestellt, dass, auf die gesamte arabische Welt bezogen, die Einschulungsraten eher eine Erfolgsgeschichte sind, weil sie permanent angestiegen sind und nahe an der weltweiten Durchschnittsrate von fast 90 Prozent liegen. Das Problem liegt eher in der Qualität der Ausbildung. Es herrscht eine Kluft zwischen den staatlichen und privaten Bildungseinrichtungen. Die Mehrheit der Bevölkerung schickt ihre Kinder auf schulgeldfreie staatliche Schulen, deren Lehrpläne sie auf das Auswendiglernen trimmen und Kreativität, kritisches und eigenständiges Denken eher als Negativfaktor betrachten.

Die Reichen schicken ihre Kinder dagegen auf teure Privatschulen. Das American College in Kairo etwa kostet umgerechnet mehr als 22.000 Euro im Jahr, die Britische Internationale Schule etwa 17.000 Euro. Ein großer Teil der Schüler dieser Institutionen wird danach zum Studium ins Ausland geschickt, viele kehren nicht wieder zurück. „Es gibt in den letzten Jahren eine neue Dynamik“, erklärte Colin Rogers, Direktor der privaten Eliteschule El Alsson in Kairo, bei seiner Rede anlässlich der Abitur-Abschlussveranstaltung des Jahrgangs 2017. „Mehr und mehr Abgänger unserer Schule gehen ins Ausland.“ Bei diesem Jahrgang nach Oxford, Cambridge, ans Imperial College in London und an Universitäten in Holland, Deutschland, Spanien, der Schweiz, der Tschechischen Republik, Belgien, Kanada und den USA, zählte er auf.

Anders als in dieser Eliteschule bleiben die meisten anderen jungen Menschen, die in der arabischen Welt einen nutzlosen Abschluss machen, auf der Strecke. Die gesellschaftliche Ungleichheit wird mit jedem Jahrgang reproduziert. „Diese Bildungs-Ungleichheit besteht darin, dass nur eine sehr kleine Minderheit an Jugendlichen angemessene Fähigkeiten mit auf den Weg bekommt, die für den Arbeitsmarkt brauchbar sind“, heißt es im „Arab Human Development Report 2016“.

Im „Arab Youth Survey 2019“ wurden 3300 junge Araber und Araberinnen im Alter zwischen 18 und 25 Jahren in 15 arabischen Ländern nach der Qualität ihrer Bildung befragt. Fast 80 Prozent erklärten, dass sie unzufrieden mit der Qualität ihrer Ausbildung seien. Die schlechte Ausbildung führt unter anderem dazu, dass viele zwar am Ende ein Diplom in der Tasche haben, aber nach ihrer Ausbildung keinen Arbeitsplatz finden. Die Jugendarbeitslosigkeit in den arabischen Ländern ist die höchste der Welt. Laut Statistiken der International Labour Organization (ILO) lag die weltweite Jugendarbeitslosigkeitsrate 2019 bei 9 Prozent, die der arabischen Welt aber bei 21,4 Prozent. Das sind alles noch Zahlen vor der Corona-Krise.

In einzelnen arabischen Ländern sieht die Statistik noch verheerender aus. Spitzenreiter der Jugendarbeitslosigkeit sind die palästinensischen Autonomiegebiete mit 42 Prozent. „Über 12.000 Bewerbungen für vier Stellen als Straßenfeger“: Das ist eine Zahl, die ich nie vergessen werde, obwohl das Interview, das ich 1994 mit dem damaligen Wirtschaftsberater der UNRWA, des UN-Hilfswerks für palästinensische Flüchtlinge, bei einem Besuch in Gaza geführt habe, sehr lange her ist. Die UNRWA hatte vier Stellen für Straßenfeger ausgeschrieben. Darauf hatten sich 12.586 Menschen, darunter auch einige Akademiker, beworben, erzählte Abdel Latif Midayn damals. Und das waren im Vergleich zu heute in Gaza fast noch goldene Zeiten.

Aber auch im benachbarten Jordanien sieht es nicht viel besser aus. Dort liegt die Jugendarbeitslosigkeit heute bei 41 Prozent, in Ägypten bei 34, in Algerien bei 24, im Sudan bei 27 Prozent. Laut dem „Arab Human Development Report“ muss die Region im nächsten Jahrzehnt mehr als 60 Millionen neue Arbeitsplätze schaffen, um diese riesige Zahl an Arbeitskräften zu absorbieren und die Rate der Jugendarbeitslosigkeit zu stabilisieren. Die arabischen Länder haben es nicht geschafft, private Investitionen außerhalb des Öl- und Gassektors zu generieren, um neue Jobs zu schaffen, lautet die vernichtende Kritik des Berichts.

Und um bei der Geschichte der akademischen Straßenfeger-Bewerbungen zu bleiben: Für ungelernte Jugendliche ist es einfacher, einen Job zu finden, als für junge Akademiker. Das wird deutlich, wenn man die Jugendarbeitslosigkeit beispielsweise in Ägypten genauer untersucht. Nur fünf Prozent der jungen Arbeitslosen haben keinerlei Ausbildung, 52 Prozent aber haben eine Gymnasial- und 33 Prozent eine Hochschulausbildung. Kurzum: Es ist leichter für einen Zementträger, auf einer arabischen Baustelle Arbeit zu finden, als für einen Apotheker, Ingenieur oder ausgebildeten Anwalt, einen adäquaten Job zu bekommen. „Wir haben hohe Abschlüsse und Diploma gemacht, aber unsere Zeugnisse sind vollkommen nutzlos“, hatte der ägyptische Musiker 5amsa-Rap auch bei der Madinaty-Parodie gerappt. Es ist genau diese Gruppe ausgebildeter junger Menschen ohne Perspektive, aus der sich jede Revolte in der arabischen Welt speist.

Aber das Problem geht noch weiter. Weil im arabischen Durchschnitt jeder fünfte junge Mensch unter 30 offiziell arbeitslos ist, werden Millionen dazu gezwungen, in der informellen Wirtschaft zu arbeiten, wo Arbeiter typischerweise ohne irgendeinen Vertrag werken, schlecht bezahlt werden, instabile Einkommen und keinerlei sozialen Schutz wie Krankenversicherung und Pension haben. Der „Arab Human Development Report“ schätzt, dass zum Zeitpunkt der ersten Runde der arabischen Aufstände 2011 sogenannte „verwundbare Arbeitsbedingungen“ fast jeden dritten Job in der arabischen Welt betrafen. Nimmt man das Beispiel Ägypten, spricht der Bericht sogar davon, dass in den Jahren davor drei Viertel der Neuankömmlinge auf dem Arbeitsmarkt im informellen Sektor angestellt wurden.

Der libanesische Kolumnist Rami Khouri fasst die dramatische Lage kurz und knapp zusammen: „Die arabische Region hat ein Millionenheer halb ausgebildeter junger Menschen hervorgebracht, die ohne festen Job oder festes Einkommen und ohne Hoffnung in der Sackgasse des informellen Arbeitsmarktes vor sich hin vegetieren und politisch vollkommen machtlos sind.“

Jeden Tag die eigene Machtlosigkeit vor Augen

Und damit kommen wir zum dritten arabischen Weggefährten: Zur Armut und Ungleichheit gesellt sich noch die Machtlosigkeit. „Die massenhafte Entmündigung Jugendlicher ist einer der wichtigsten Stolpersteine im Entwicklungsprozess der arabischen Länder. Junge Menschen werden nicht als legitime Agenten des Wandels anerkannt, noch werden sie dazu ermächtigt, ihre volle Verantwortung zu übernehmen“, fasst der „Arab Human Development Report 2016“ zusammen.

Fragt man, wie das „Arab Youth Survey“, die Jugendlichen selbst, zeigt sich sehr eindeutig, womit sie unzufrieden sind. 56 Prozent beschweren sich über die steigenden Preise, 45 Prozent sehen die Arbeitslosigkeit als ihr dringlichstes Problem. Die meisten sind unzufrieden mit ihrer Ausbildung.

Aber wohin mit dem Ärger? Und vor allem: Was können die jungen Araber und Araberinnen tun, um ihre Situation zu verändern?

Wenig. Das wird im letzten „World Values Survey 2014" deutlich, das Jugendliche weltweit befragt hat, wie sehr sie das Gefühl haben, Entscheidungen für ihr Leben frei treffen zu können und Kontrolle darüber zu haben, wie sich ihr Leben entwickelt. Die arabischen Länder liegen bei den Ergebnissen weit hinter anderen Gegenden dieser Welt zurück. Arabische Jugendliche empfinden nicht nur weniger Zufriedenheit mit ihrem Leben und haben das Gefühl, dass sie weniger Kontrolle über ihre Zukunft haben als Altersgenossen an anderen Orten dieser Welt. Noch etwas anderes unterscheidet sie. Sie sind nach dieser Umfrage unzufriedener als die Generation ihrer Eltern. In den meisten anderen Weltgegenden ist es andersherum.

Dieses wachsende Gefühl, keine Kontrolle über das eigene Leben zu haben, hat nicht nur mit der Situation zu tun, in der junge Araber und Araberinnen leben. Hinzu kommt, dass sie heute wesentlich besser mit dem globalen Wissen vernetzt sind, gerade über Soziale Netzwerke wie Facebook, Twitter und Instagram. In den letzten fünf Jahren haben Soziale Medien dem Fernsehen, das in vielen arabischen Ländern von den autokratischen Systemen kontrolliert wird, den Rang abgelaufen. 2015 hatte im „Arab Youth Survey" nur jeder vierte Befragte die Sozialen Medien als Hauptinformationsquelle angegeben. Vier Jahre später waren es 80 Prozent. Die meist staatlich kontrollierten Zeitungen und das Radio machten nur 27 und 19 Prozent aus. Andere Onlinequellen werden fast so viel wie das Fernsehen genutzt. Anders gesagt: Die autokratischen Regime haben bei den jungen Arabern und Araberinnen ihr Informationsmonopol verloren.

Auf virtueller Ebene Zugang zu kritischem Wissen, im analogen Leben aber keine Gestaltungsmöglichkeiten zu haben, lässt bei jungen Arabern und Araberinnen immer mehr das Gefühl aufkommen, in ihrer Region total ausgebremst zu sein. Mehr arabische Jugendliche haben heute eine Ausbildung, wenngleich ein meist nutzloses Diplom. Sie sind global vernetzt, anders als vorherige Generationen. Aber die gleichen Jugendlichen haben „heute weniger Möglichkeiten, ihre Fähigkeiten in einen besseren Lebensstandard umzuwandeln", stellt der „Arab Human Development Report" fest. Es ist ein Zusammenspiel zwischen Zugang zu globalem Wissen, höheren Erwartungen und täglich frustrierten persönlichen Ambitionen. Genau diese Kluft zwischen ihren erweiterten Fähigkeiten und ihren begrenzten Möglichkeiten macht diese neue arabische Generation zur bisher größten Herausforderung für die autokratischen Systeme. Was das bedeutet, darauf hat die Arabellion 2011 einen ersten Vorgeschmack geliefert.

Die WhatsApp-Gruppe ist der neue Stamm

Die arabische Welt hat in den letzten Jahrzehnten eine beispiellose Urbanisierung erlebt. Laut Weltbank hat sich die Zahl der Araber, die in Städten leben, zwischen 1977 und 2017 vervierfacht. Gab es 1990 in der Region noch 25 Städte in der Größenordnung von ein bis fünf Millionen Menschen, sind es heute 44. Nimmt man die jungen Menschen unter 30 als Referenz, wird dieser Trend noch deutlicher. 82 Prozent von ihnen leben beispielsweise in Jordanien in Städten, in Tunesien sind es 67 Prozent.

In dieser wachsenden Urbanisierung steckt für die arabischen Herrscher auch ein wachsendes Aufstandspotenzial. Denn blickt man auf die Arabellion 2011, wurde die in den Städten und nicht auf dem Land geführt. Und es war nicht die Mehrheit, die da auf den Straßen stand und einen Diktator nach dem anderen stürzte. Es ist überraschend, wie klein die kritische Masse ist, die einen Aufstand zum Erfolg führt. Erica Chenoweth, Professorin für Public Policy an der Harvard University, hat Hunderte Fälle von zivilem Ungehorsam in den letzten hundert Jahren untersucht. Sie weist in einer Studie nach, dass nur 3,5 Prozent der Bevölkerung aktiv auf die Straße gehen müssen, um die kritische Masse zu erreichen, die zum Erfolg führt. Jeder Aufstand, der diese Zahl erreichte, erreichte sein Ziel. Sie nennt das das 3,5-Prozent-Gesetz. In der arabischen Welt leben diese 3,5 Prozent, die eine Veränderung herbeiführen können, in den Städten.

Die Urbanisierung hat auch weitreichende Folgen für die Identitätsbildung der jungen Menschen und dafür, wem gegenüber sie sich loyal fühlen. Eine Studie des Center for Strategic & International Studies in Washington mit dem Titel „Ties that Bind", die 2019 veröffentlicht wurde, hat diese Entwicklung untersucht. Sie basiert auf über hundert ausführlichen Gesprächen mit Jugendlichen in Jordanien, Tunesien, den Vereinigten Arabischen Emiraten und Saudi-Arabien. Aus der Studie lassen sich zwei Schlussfolgerungen ziehen: Die arabischen Jugendlichen werden individualistischer, und sie haben in den letzten Jahren neue Identitäten aufgebaut. Beides beeinflusst die Art, wie sie sich gegenüber Autoritäten verhalten. „Der wachsende Individualismus ist eine Herausforderung für Familien, Patriarchen, Stammesführer und Regierungen", heißt es in der Studie. „Eine bessere Bildung, die Verstädterung und die Informationsrevolution haben dazu geführt, dass die Menschen ihre Interessen und Ambitionen zunehmend im persönlichen Rahmen suchen", heißt es in der Studie.

Sie zeigt auf, dass das Gefühl der Pflicht gegenüber Familien und Stämmen in der arabischen Welt rückläufig ist. Viele junge Menschen sehen ältere Formen der Verbindung mit der erweiterten Familie, religiösen Gemeinschaften oder anderen traditionellen Netzwerken als nicht mehr nutzbringend an. Sie sind heute mobiler und leben oft weiter weg von ihren Familien als die Generation davor. Diese neuen Freiheiten nutzen sie, um neue Verbindungen und Netzwerke aufzubauen, die ihnen nützlich erscheinen. Viele glauben, dass sie das Schicksal selbst in die Hand nehmen müssen, da niemand anders ihre Interessen schützt.

Und die autokratischen Systeme haben noch ein anderes Problem. Sie stehen unter dem Druck, ihre Bildungsmethoden verändern zu müssen. „Sie müssen ihre Bürger für den Arbeitsmarkt fit machen und einen innovativeren und unternehmerischen Geist stärken, um eine ökonomisch produktivere Bevölkerung zu schaffen", schreibt Jon Alterman, einer der Autoren der Studie „Ties that Bind". Die Regierungen müssen dabei eine für sie gefährliche Gratwanderung machen. Wenn sie die Bildungsqualität verbessern, um junge Menschen fit für einen modernen Arbeitsmarkt zu machen, riskieren sie, eine kritische Generation besser ausgebildeter Menschen zu schaffen, die am Ende die Autorität des Staates und vor allem die Legitimität der autokratischen Herrscher hinterfragt.

Als Konsequenz sind junge Menschen in der arabischen Welt weniger obrigkeitshörig als ihre Vorgänger und suchen sich völlig neue Netzwerke, für die sie stets eine Kosten-Nutzen-Rechnung anstellen. „In dem Maße, in dem die alten Netzwerke des Vertrauens in der arabischen Welt geschwächt werden, wenden sich die jungen Menschen Netzwerken zu, deren Vertrauen nicht vererbt wird, sondern deren Wahl eine Option ist", schreibt Altman. Eine jordanische Akademikerin erklärt beispielsweise, dass sie in einer privaten Facebook-Gruppe nach neuen Jobmöglichkeiten sucht und sich dort berufliche Ratschläge holt. „Dadurch pflege ich Geschäftsbeziehungen, das ist jetzt mein neuer Stamm“, sagt sie. Ähnliches gilt für andere virtuelle Gruppierungen, etwa WhatsApp-Gruppen.

Solche über die Sozialen Medien geformten „neuen Stämme“ spielen auch eine wichtige politische Rolle. Es sind genau diese Foren, in denen ein heterogener Haufen junger arabischer Aktivisten und Aktivistinnen den Status quo hinterfragt. Sie wollen auf ihren eigenen Füßen stehen, weg von Familien und Clans oder religiösen Gruppen. Man tut sich mit Menschen zusammen, die in der gleichen sozialen Lage sind und den gleichen Wunsch nach Veränderung haben. Es formen sich völlig neue Interessengruppen. Der Wunsch nach Veränderung ist der Kitt, der sie zusammenhält. Hier treten völlig neue Identitäten in den Vordergrund. Statt über ihre religiöse Identität definieren sich junge Menschen immer mehr über ihre soziale Identität. Etwas, das im nächsten Kapitel bei den Ursachen der neuen Aufstände und der Arabellion 2.0 im Libanon und im Irak eine wichtige Rolle spielen wird.

Dass die Religion an Bedeutung für die Jugendlichen verliert, wird auch im bereits oben erwähnten „Arab Youth Survey 2019“ deutlich. Dort befürworteten zwei Drittel der Jugendlichen die Aussage, dass die Religion in ihren Gesellschaften eine zu große Rolle spiele. Fast 80 Prozent erklärten, dass die religiösen Institutionen reformiert werden müssen. Zu ähnlichen Ergebnissen kommt das „Arab Barometer 2019“. „In der gesamten Region ist die Jugend weniger religiös als die vorherigen Generationen“, heißt es dort. In Algerien bezeichneten sich nur 15 Prozent der befragten Jugendlichen als religiös, in Tunesien 16, in Libyen 18 Prozent.

Auch in Jordanien, im Libanon und in Marokko waren es weniger als ein Viertel der Befragten. In Ägypten waren es 36 Prozent, im Irak immerhin noch 42 Prozent.

Diese Abnahme der religiösen Identität bei arabischen Jugendlichen steht ironischerweise diametral dem Trend in Europa entgegen, die arabische Nachbarregion mit Vorliebe einzig und allein durch die Brille des Islam zu betrachten. Dieser Trend hat eine ganze Reihe von deutschsprachigen Buch-Bestsellern hervorgebracht, unter anderem die populären Bücher des Ägypters Hamed Abdel-Samad, in denen sämtliche Probleme der Region auf die vorherrschende Religion reduziert werden, etwas, das die in Mode gekommene Islamophobie und den Rassismus am rechten politischen Rand bedient. Statt sich mit dem unseligen arabischen Dreigespann Armut, Ungleichheit und Machtlosigkeit auseinanderzusetzen, wird die arabische Welt dort mit Koran-Zitaten oder Sagern genau jener religiösen Institutionen erklärt, die 80 Prozent aller arabischen Jugendlichen heute reformiert sehen wollen. Ein perfektes Beispiel dafür, wie Europa in seiner verkürzten Betrachtung seiner arabischen Nachbarn oft vollkommen danebenliegt.

Arabellion 2.0: Der Aufstand geht weiter

Es ist unübersehbar, dass immer mehr junge Araber und Araberinnen das enge Korsett ihrer vollkommen ineffektiven politischen, wirtschaftlichen und sozialen Systeme ablehnen, die sie all ihrer Möglichkeiten berauben. Die Frage ist eigentlich nur: Wann machen sie ihrem Ärger Luft, wie werden sie ihre Stimme erheben und wo werden sie politisches Mitspracherecht fordern? Und wie werden jene reagieren, die ihre Macht in diesen überkommenen Systemen um jeden Preis erhalten wollen?

Mit Ausnahme Tunesiens schien die arabische Welt in den letzten Jahren nur zwei Aussichten zu haben: entweder fortwährendes Chaos, wie etwa in Libyen, oder die eiserne Faust eines Diktators, der für Ordnung sorgt.

Doch dann begann etwas, mit dem zu diesem Zeitpunkt niemand gerechnet hatte: In Algerien und im Sudan gingen Aufstände gegen die beiden Langzeitdiktatoren Abdelaziz Bouteflika und Omar Al-Baschir los, die bei der Arabellion acht Jahre zuvor ungeschoren davongekommen waren.

Als Algeriens Präsident Abdelaziz Bouteflika im Februar 2019 beschloss, nach fast 20 Jahren an der Macht erneut für eine weitere präsidiale Amtszeit zu kandidieren, lief das algerische Fass über. Die Menschen gingen in allen Teilen des Landes zunächst zu Zehntausenden, dann zu Hunderttausenden auf die Straße, und das mit einem immer wiederkehrenden Trotz und, an jedem Freitag, einem wöchentlichen Höhepunkt ihres Widerstandes. Nachdem der damals 81-jährige Bouteflika zunächst noch hoffte, sich retten zu können, indem er im Falle seiner Wiederwahl eine Verfassungsänderung in Aussicht stellte und ankündigte, diesmal mit 81 wirklich zum allerletzten Mal zu kandidieren, ließ ihn schließlich sein eigenes Militär fallen. Militärchef Ahmed Gaid Salah erklärte Bouteflika für regierungs-unfit und forderte dessen Rücktritt. Eine Forderung, der Bouteflika eine Woche später, am 2. April 2019, nachkam.

Schon vor den großen Demonstrationen in Algerien hatte im Sudan ebenfalls ein Aufruhr begonnen. Am 19. Dezember 2018 erklärte die Stadt Atbara im Nordosten des Landes den Ausnahmezustand, als Demonstranten, die gegen die Erhöhung von Brot- und Benzinpreisen protestierten, das lokale Hauptquartier der National-Kongress-Partei des seit 30 Jahren regierenden Diktators Omar Al-Baschir anzündeten. Die Proteste verbreiteten sich im ganzen Land und machten bald auch nicht mehr vor der Hauptstadt Khartum halt. Doch es dauerte noch Monate, bis die Demonstranten es schließlich schafften, ein permanentes Zeltlager ausgerechnet vor dem Hauptquartier des Militärs mitten in Khartum aufzubauen, ohne von den Sicherheitskräften vertrieben zu werden. Ein Zeichen, dass die Tage Al-Baschirs gezählt waren. Tatsächlich erklärte das Militär schon fünf Tage später, am 11. April 2019, dass Al-Baschir, nach fast 30-jähriger Herrschaft, von seinem Amt entfernt worden sei.

Innerhalb von weniger als zehn Tagen im April waren somit zwei der arabischen Langzeitdiktatoren nicht mehr im Amt. Die Arabellion 2.0 hatte sie hinweggefegt – und sie war noch lange nicht beendet. Die Demonstranten in Algerien und im Sudan hatten nicht nur gelernt, ihre Angst zu überwinden und über Monate massiv auf den Straßen zu mobilisieren. Sie hatten auch aus der vorhergehenden arabischen Protestwelle, der Arabellion 1.0 und dem ägyptischen Beispiel, gelernt, dass es nicht reicht, den Diktator zu entfernen.

Tatsächlich schienen die Systeme Bouteflika und Al-Baschir zunächst dem ägyptischen Drehbuch folgen zu wollen. In Algerien wurde mit Abdelkader Bensalah ein Interimspräsident der alten Garde und ein Spezialist für Wahlbetrug eingesetzt. Ausgerechnet er sollte nun innerhalb von drei Monaten Wahlen organisieren. Die Clique aus Militärs, Geheimdienst- und Geschäftsleuten, die einst den kranken, altersschwachen Bouteflika so lange wie möglich als öffentliches Gesicht hatte halten wollen, versuchte Zeit zu gewinnen.

Im Sudan wurden ein dreimonatiger Notstand und eine zweijährige Übergangszeit ausgerufen, in der das Militär in Khartum die direkte Macht ausüben sollte. Der Militär Abdel Fattah Al-Burhan sollte die Geschicke des Landes in die Hand nehmen. Anders als die ägyptischen Militärs hatten die „Übergangsherrscher" in Algerien und im Sudan aber einen großen Nachteil: Die Demonstranten beider Länder kannten das ägyptische Szenario. Mit einem Salut des Militärs in Richtung Demonstranten, wie einst in Kairo, war es diesmal nicht getan. Die massiven Demonstrationen gingen in beiden Ländern weiter.

Der Kampf um eine Zivilregierung im Sudan

Die Stimmung war gut, als ich im Mai 2019 das erste Mal selbst im Zeltlager der sudanesischen Demonstranten vor dem Militärhauptquartier in Khartum stand. Dort waren immer noch Tag und Nacht Tausende Demonstranten versammelt. „Zivilregierung, Zivilregierung“, posaunte es aus allen Ecken des Zeltlagers heraus. „Wir bleiben hier, um die Revolution zu schützen, bis alle unsere Forderungen erfüllt sind und wir von Zivilisten regiert werden“, sagte mir der Staatsbeamte Faisal Shaba, der schon seit Wochen vor dem Armeehauptquartier ausgeharrt hatte. Faisal war zuversichtlich, dass die im Hintergrund laufenden Verhandlungen zwischen Demonstranten und Militärs um die Zukunft des Sudan Früchte tragen würden. Dort wurde gerade ausgehandelt, dass ein noch nicht genau definierter Regierungsrat aus Zivilisten und Militärs den regierenden Militärrat ablösen solle. Die Demonstranten waren vorsichtig optimistisch. „Das Problem ist, dass zwar der Kopf des alten Regimes weg, der Körper aber noch da ist. Und dieser Körper stellt sich gegen alle fundamentalen Veränderungen und ist das größte Hindernis bei den Verhandlungen“, beschrieb Amal Jabrallah, die bei den Demonstrationen die medizinischen Komitees koordinierte, die Situation.

Auf der Eisenbahnbrücke über den Blauen Nil, unweit des Militärhauptquartiers, schlugen die Demonstranten rhythmisch auf die Brücken-Stahlverstrebungen. „Trommler der Revolutionen“ nannten sie sich und sie trommelten Tag und Nacht. „Wir sind hier, weil wir eine zivile Regierung wollen und werden auch nicht nach Hause gehen, bis wir das wirklich endgültig erreicht haben. Nicht nur das. Wir werden auch alle anderen Brücken über den Nil blockieren, wenn wir das nicht erreichen“, warnte Mahmud Maamoun, einer der Trommler, selbstbewusst. Die Drummer wechselten sich alle vier Stunden ab. Länger war das auch kaum auszuhalten, vor allem mittags bei über 40 Grad im Schatten. Und Schatten gab es auf dieser Brücke keinen.

Awadiya Mahmud bereitete für die Demonstranten die Mahlzeiten vor, damit diese bei Sonnenuntergang mit dem

Gebetsruf des Muezzin endlich ihr Ramadan-Fasten brechen konnten. Überall im Zelt köchelten überdimensionale Aluminiumtöpfe mit braunen Bohnen, Okraschoten und Zucchini vor sich hin. Außerdem wurde Brot zubereitet. „Wir kochen hier für ungefähr 5000 Demonstranten und wir sind gerade mal zu zehnt, aber wir fangen bereits frühmorgens an", erzählte Awadiya, die die ganze Operation leitete. Sie könne zwar gut kochen, aber nicht lesen und schreiben, sagte sie. Gleich am ersten Tag, als die Demonstrationen begannen, sei sie hierhergekommen, um die Protestierenden zu unterstützen. „Ich hoffe darauf, dass neue Zeiten anbrechen, in denen meine Kinder eine kostenlose Ausbildung bekommen und wir ein medizinisches System haben, das auch wir Armen uns leisten können", beschrieb sie ihre Träume für die sudanesische Zukunft. Das erinnerte mich an Adham oder wie ich ihn in meinem Kopf genannt hatte Beppo Straßenkehrer, nach den Aufständen in Kairo, mit seinem Unterschriftssiegel und seinem Wunsch, dass seine Kinder dieses nicht mehr brauchen sollen. Die Forderungen an die neue arabische Welt sind gleich geblieben, simpel und doch so schwer.

Auffällig war an den wenigen Tagen, die ich damals in Khartum verbrachte, wie viele Frauen auf dem Platz vor dem Militärhauptquartier standen. Es war auch eine Frau, die ein paar Wochen zuvor zur Ikone des Aufstandes geworden war. „Kendaka", die „nubische Königin", nannten sie die 22-jährige Studentin Alaa Salah, die in ihrer weißen Robe und mit in der Sonne glitzernden, goldenen Ohrringen auf einem Autodach stand und inmitten von Demonstranten mit erhobenem Zeigefinger den Ton angab, die Rufe nach Veränderung anführte und dabei wie eine sudanesische Freiheitsstatue aussah. Wie ein Lauffeuer hatte sich das Bild in den Sozialen Medien verbreitet. „Niemand hat euch davor gewarnt, dass die Frauen, denen das Laufen verwehrt wurde, Töchter zur Welt bringen, die fliegen können", twitterte damals jemand dazu. Wie viel Hoffnung, nicht nur auf das Ende des Diktators, sondern auch auf einen gesellschaftlichen Wandel, steckte in dieser Momentaufnahme!

Widad Abdallah war eine der Frauenaktivistinnen, die ich auf dem Platz getroffen habe. Sie war während der Demonstrationen vor dem Sturz Al-Baschirs verhaftet und in mehrtägiger Haft immer wieder geschlagen worden. „Bei den Demonstrationen standen die Frauen Schulter an Schulter mit den Männern. Frauen wurden genauso wie Männer verhaftet und geschlagen und waren der gleichen Gewalt ausgesetzt wie die Männer", erinnerte sie sich bei unserem Gespräch an die ersten Wochen der Proteste. Die Forderung nach einer Ablösung der Militärherrschaft und nach einer zivilen Regierung war für sie auch eine Forderung nach politischer Beteiligung der Frauen. „In einem Militärstaat sind naturgemäß Frauen kaum repräsentiert. Wir wollen eine zivile Regierung und darin sollen zur Hälfte Frauen beteiligt sein. Die neuen Institutionen dürfen nicht mehr von Männern dominiert sein. Wir wollen eine gleichberechtigte Beteiligung von Frauen auf allen Ebenen", forderte sie. Worauf ich sie fragte, was sie denn machen werde, wenn, wie so oft nach einer erfolgreichen Revolution, die Frauen dann doch wieder zurück an den Herd geschickt werden. „Dann gehen wir wieder auf die Straße und erheben unsere Stimme und machen eine Revolution der Frauen und fordern einen Staat, in dem Männer und Frauen gleichberechtigt sind. Wir werden unsere Rechte bekommen. Wir haben vor nichts mehr Angst", lautete ihre Antwort. Derweil war zu diesem Zeitpunkt noch nicht einmal der Kampf ausgestanden, die Militärs und Milizen von der Macht abzulösen. Die Hoffnung auf einen neuen Sudan und die Unsicherheit, ob der alte Sudan noch einmal zuschlagen würde, lagen in Khartum oft nur wenige Straßenzüge voneinander entfernt.

Vor dem Militärhauptquartier forderten die Demonstranten unermüdlich weiter eine zivile Regierung, aber draußen vor den Barrikaden der Demonstranten gaben bewaffnete Männer den Ton an. Fast an jeder Straßenecke in Khartum waren Pick-up-Trucks mit aufgepflanzten Maschinengewehren postiert. Manche trugen die Nummernschilder der regulären Armee, die meisten gehörten aber einer Miliz an, die sich Rapid Support Forces oder kurz RSF nennt. Es waren diese Männer mit ihren Camouflage-Uniformen und Schnellfeuergewehren, die die Demonstranten am meisten beunruhigten, denn die RSF sind die Nachfolge-Milizen der berüchtigten arabischen Janjaweed-Reitermilizen, die vor 16 Jahren in die internationalen Schlagzeilen gerieten, als sie mordend, brandschatzend und vergewaltigend durch die Dörfer der sudanesischen Provinz Darfur zogen und dort im Namen des Al-Baschir-Regimes Rebellen bekämpften. Über eine Viertelmillion Menschen wurden damals in Darfur getötet, über zwei Millionen vertrieben. Und da standen sie nun in Khartum, dieselben Milizen. Die Angst jener, die friedlich für einen zivilen und demokratischen Sudan auf die Straße gingen, war, dass die RSF-Milizen zum größten und gefährlichsten Gegner avancieren könnten. Im Machtpoker zwischen Militärs und Demonstranten um die Zukunft des Landes waren diese RSF-Milizen eine Schlüsselfigur bei den politischen Entscheidungsprozessen. Es werde kein Abkommen im Sudan geben, dass der RSF-Chef Muhammad Hamdan Daglo, von den Sudanesen kurz Hemeti genannt, nicht mitunterzeichne, erzählte mir damals der Journalist Faisal Saleh vorausschauend, der später im ersten zivilen Kabinett zum Kultur- und Informationsminister ernannt werden sollte.

Tatsächlich hatte Hemeti eine gewaltige Karriere hinter sich: Geboren in ärmlichen Verhältnissen, einst als Kamelhirte unterwegs, fand er seine Profession als Krieger, zunächst bei den berüchtigten Janjaweed-Milizen, deren Anführer er in Darfur wurde, dann als Chef der RSF. Abgesehen von seinem Versuch, immer ein möglichst großes Stück des Kuchens abzubekommen, schien er keine große politische Agenda zu haben. Dabei hatte er aber immer guten Instinkt bewiesen. Zu Beginn des Aufstandes in Khartum weigerte er sich, für Al-Baschir den Aufstand niederzuschlagen, und erhielt damals Lob von den Demonstranten. Aber die Flitterwochen zwischen den Demonstranten und den RSF-Milizen währten nur kurz. Als bewaffnete Männer am 15. Mai 2019 versuchten, eine der Barrikaden zu räumen, schossen sie wild um sich. Mehrere Menschen wurden dabei verletzt.

Doch der sudanesische Menschenrechtler Majid Maali, der seit vielen Jahren die Janjaweed und deren Nachfolger, die RSF-Milizen, beobachtet, warnte davor, die RSF automatisch zu verteufeln. Bei unserem Treffen in seinem Büro stellte er eine einfache Rechnung auf. „Sie sind stark, aber sie haben kein wirkliches politisches Programm für die Zukunft des Sudan. Wir können sie nicht besiegen. Also besteht die einzige Möglichkeit darin, einen Dialog mit ihnen zu eröffnen", argumentierte er.

Die Stärke der Nachfolger der Janjaweed-Milizen entsprang übrigens auch ihrem Einsatz im Jemenkrieg, aus dem sie inzwischen abgezogen wurden. Dort wurden sie von den Emiraten und Saudi-Arabien als Söldner-Bodentruppen gegen die Huthi-Rebellen eingesetzt. Später wurden sie vom abtrünnigen libyschen General Haftar angeheuert, bezahlt von den Golfstaaten, um in seinen Reihen gegen die Regierung im westlichen Tripolis zu kämpfen. Das hat ihnen viel Geld und damit noch mehr Macht im Sudan verschafft. Und das macht die RSF-Milizen im Machtkampf im Sudan möglicherweise auch zu einem willfährigen Instrument der Golfautokraten, die keinerlei Interesse an einem demokratischen Experiment im Sudan haben.

Doch es gibt bei der Unterstützung der RSF-Milizen auch eine europäische Komponente. Im sogenannten Khartum-Prozess versucht die EU den Grenzschutz gegen Migranten in südlichere Regionen Afrikas auszulagern. Dabei sind auch Gelder in den Sudan geflossen. „Die EU sagt, dass dieses Geld dazu verwendet wird, um in jenen Teilen des Landes den Lebensstandard der Einwohner zu verbessern, in denen die Migranten aufgehalten werden sollen. Ein anderer Teil ging als technische Hilfe an den Sicherheitsapparat, um die Grenze abzusichern", beschrieb der Journalist Saleh das EU-Engagement. „Der EU-Botschafter in Khartum streitet ab, dass Geld direkt an die RSF geflossen sei. Aber es wurde Geld zur Verbesserung des Grenzschutzes gezahlt und die Wahrscheinlichkeit ist groß, dass ein Teil davon an die RSF gegangen ist, denn diese Milizen operieren im Grenzgebiet zu Libyen und Tschad", schlussfolgerte er.

Ob und wie viel EU-Gelder indirekt an die RSF geflossen sind, dafür gibt es keine Beweise. Aber was ihre Wahrnehmung angeht, glauben viele Sudanesen, dass hier Geld an die Milizen bezahlt wurde. „Die Milizen haben einen schlechten Ruf wegen ihrer massiven Menschenrechtsverletzungen in Darfur. Die Menschen sind schockiert. Einerseits ruft die EU zum Respekt der Menschenrechte auf, andererseits finanziert sie diese Truppe wahrscheinlich mit, um Migranten zu stoppen", fasst der Menschenrechtler Maali diese Wahrnehmung zusammen.

Sollten tatsächlich EU-Gelder indirekt bei den RSF-Milizen angekommen sein, dann hätte Europa eine ziemlich explosive Mischung im Sudan mitfinanziert. Denn wenn die Demonstranten in Khartum sich mit ihrer Forderung nach einer zivilen Regierung nicht erfolgreich durchsetzen, dann läuft der Sudan Gefahr, von einem Militärstaat zu einem milizgeführten Staat zu mutieren.

Doch vorerst blieb der sudanesische Zug hin zu einem zivilen Staat auf Schiene. Nach mehreren gewalttätigen Versuchen, die Demonstrationen vor dem Militärhauptquartier aufzulösen, gefolgt von Massenprotesten im ganzen Land, feierten die seit acht Monaten unnachgiebigen Demonstranten am 17. August 2019 schließlich einen Meilenstein in der Geschichte des Sudan. Das Oppositionsbündnis und das Militär unterzeichneten ein Machtteilungsabkommen. Der Oberste Militärrat wurde aufgelöst. An seiner Stelle wurde ein Übergangsrat geschaffen, der die Geschicke des Landes lenken sollte. Der bestand aus sechs Zivilisten – darunter zwei Frauen – und fünf Militärs. Dieses Gremium sollte das Land in einen zivilen Staat und zu demokratischen Wahlen führen. An der Spitze blieb das neue Personal zunächst das alte. Der Militärrat wurde zwar aufgelöst, aber General Abdel Fattah Al-Burhan, der diesem zuvor vorgestanden und seit dem Sturz Al-Baschirs das Land regiert hatte, übernahm zunächst den Vorsitz. Sein Vize wurde niemand Geringerer als der berüchtigte Milizführer Hemeti. Allerdings sollten die Militärs laut Abkommen nur in den ersten 21 Monaten den Vorsitz innehaben, dann sollte ein Zivilist für weitere 18 Monate übernehmen – ein kreatives Konstrukt, das zunächst eine blutige Auseinandersetzung zwischen Militär und Opposition verhinderte.

Geben die Männer mit den Waffen tatsächlich ihre Macht ab?

Damit waren die Rahmenbedingungen für die Übergangszeit gesteckt, die 2022 in eine zivile, demokratisch gewählte Regierung münden soll – so zumindest die Theorie, denn auf dem Weg dorthin liegen viele Stolpersteine. Ob die Generäle nach drei Jahrzehnten Monopolisierung der Macht diese am Ende tatsächlich abgeben, ist fraglich – zudem die ökonomische Lage alles andere als rosig ist. Der Sudan ist eines der ärmsten und im Verhältnis zum Bruttosozialprodukt am höchsten verschuldeten Länder der Welt. Eine explosive Mischung, mit der selbst in einem gut funktionierenden Staat schwer umzugehen wäre. Doch das Land hat, abgesehen vom Militär, kaum landesweit funktionierende staatliche Institutionen.

Das große Guthaben des Sudan ist seine Opposition, die es immer wieder geschafft hat, die Menschen landesweit zu mobilisieren. Das führte nicht nur zum Sturz des Langzeitdiktators Al-Baschir. Auch alle folgenden Versuche des Militärs und der Milizen, einfach einen der ihren an die Spitze des Staates zu hieven und das Baschir-Regime unter anderem Namen weiterzuführen, hatte das Oppositionsbündnis erfolgreich vereitelt.

Die Protestbewegung feierte den Deal, war aber auch vorsichtig. „Wir hoffen, dass das den Anfang einer neuen Ära darstellt", erklärte Omar Al-Degair, Chef der oppositionellen Forces for Freedom and Change. Es herrscht eine gewisse Skepsis, ob das Militär am Ende tatsächlich die Macht abgeben wird. Aber es gab auch einen Realismus, dass es keine friedliche Lösung geben kann, ohne dass das Militär und vor allem die RSF-Milizen und Hemeti zustimmen. Die Demonstranten wussten: Eine Alternative zu diesem Deal hätte mit viel Blut erkämpft werden müssen.

Wenn die Männer mit den Waffen am Ende tatsächlich ihre Macht abgeben, dann wäre das in dieser Region ein absolutes Novum. Die Militärs und Milizen würden im Falle einer erfolgreichen Übergangszeit nicht nur politische, sondern auch wirtschaftliche Macht verlieren. Das Militär verfügt neben dem überdimensionalen Verteidigungshaushalt über zahlreiche Privilegien. Milizen beispielsweise üben Kontrolle über Goldminen aus und haben sich als Söldner etwa im Jemenkrieg lukrativ an die reichen Golfstaaten verkauft.

Die Golfstaaten sind einer der vielen Köche, die von außen in der sudanesischen Küche mitmischen, allen voran Saudi-Arabien und die Arabischen Emirate, die mit viel Geld versuchen, Einfluss auf die Situation zu nehmen, und die überhaupt kein Interesse haben, dass im Sudan am Ende wirklich ein ziviles und demokratisches Experiment Erfolg haben könnte. Ein solches Szenario stellt auch für die Militärherrscher den Nil stromaufwärts in Ägypten eine Bedrohung dar.

Das letzte Kapitel im Sudan im Kampf zwischen Militärs und Zivilisten ist sicherlich noch nicht geschrieben. Und trotzdem haben die Sudanesen mit der von ihnen erkämpften Übergangszeit und dem Machtteilungsdeal arabische Geschichte geschrieben und vielleicht eine Blaupause für andere arabische Länder geliefert: wie man die Militärs mit viel Starrsinn, langem Atem und relativ unblutig langsam von der Macht entfernen könnte.

Die Libanesen gehen wegen WhatsApp-Steuern auf die Straße

Auch im Libanon begannen Proteste, ursprünglich aufgrund von Preissteigerungen oder besser gesagt neuen Steuern. Die

Regierung in Beirut hatte am 17. Oktober 2019 neben Steuererhöhungen für Tabak und Benzin auch eine neue Steuer auf WhatsApp-Internet-Anrufe von umgerechnet sechs Dollar im Monat angekündigt. Das brachte das libanesische Fass zum Überlaufen. Innerhalb weniger Stunden gingen die Proteste los. Die WhatsApp-Steuer wurde zwar schnell wieder zurückgenommen, aber die Demonstranten in Beirut gingen nicht mehr nach Hause. Im Gegenteil, in den nächsten Tagen gingen in dem kleinen Land Zehntausende auf die Straße und forderten den Rücktritt der Regierung Saad Hariris. „Das Volk will den Sturz des Regimes", hallte der alte Schlachtruf der ersten Arabellion von 2011 durch die Straßen von Beirut. In einem Protestaufruf in den Sozialen Medien, über die für Demonstrationen mobilisiert wurde, hieß es damals: „Lasst eure Wasserpfeifen stehen und schließt euch an, sonst stehlen sie uns den letzten Happen vom Mund."

Doch während es den Algeriern und Sudanesen bei ihren Protesten zunächst darum ging, die langjährigen Diktatoren loszuwerden und den Einfluss des Militärs zurückzudrängen, standen die Demonstrationen im Libanon unter einem anderen Vorzeichen. Auf den ersten Blick war das Land eine Demokratie, in der regelmäßig Wahlen stattfanden. Aber in Wirklichkeit war das ganze politische System auf die Religionszugehörigkeit als dominierendem Faktor in der Politik ausgelegt. Und es war ein Handvoll Familienclans aufseiten der Christen, Sunniten und Drusen und in den schiitischen Teilen des Landes die Hisbollah, die das gesamte politische und wirtschaftliche Leben kontrollierten. Sie alle hatten das Land buchstäblich an die Wand gefahren. Der Libanon war, als die Demonstrationen begannen, mit 150 Prozent im Verhältnis zum Bruttosozialprodukt das Land mit der drittgrößten öffentlichen Verschuldung weltweit. Die Jugendarbeitslosigkeit lag bei 37 Prozent. Nach offiziellen Zahlen hatte jeder vierte arbeitsfähige Libanese keinen Job. Und trotz der glitzernden Erscheinung Beiruts und seinem seit Langem verbrauchten Image, die Schweiz des Nahen Ostens zu sein, lebte jeder dritte Libanese laut Weltbank unter der Armutsgrenze.

Die Infrastruktur des Landes ist katastrophal. Laut einem McKinsey-Bericht liegt beispielsweise der Standard des Telekommunikationssystems weit hinter allen vergleichbaren Ländern der Region, während die Libanesen dreimal so viel für die miesen Internet- und Handy-Dienstleistungen bezahlen müssen wie die Ägypter oder Marokkaner. Wann immer ich Fernsehgeschichten von einem libanesischen Hotel aus überspielen muss, ist es ein Drama, das mir und meinen Redakteuren in Wien graue Haare wachsen lässt. Oft kommt die Geschichte erst an, wenn die Nachrichtensendung bereits läuft. Die durchschnittliche Datenübertragungsrate im Libanon ist langsamer als 6Mbps. Damit liegt der Libanon an 130. Stelle von 133 Ländern und hinter Pakistan, dem Irak und Syrien.

Die soziale Identität löst die religiöse Identität ab

Eine Woche nach dem Beginn der Proteste kam ich in Beirut an. Dort hatte sich inzwischen eine Demonstrationsroutine etabliert. Jeden Nachmittag, nach getaner Arbeit, strömten die Menschen zu Tausenden in die Innenstadt, um weiterhin den Rücktritt der Regierung zu fordern. Nach drei Jahrzehnten Misswirtschaft, Korruption und vernachlässigten staatlichen Dienstleistungen machten die Menschen ihrem Ärger täglich Luft. Doch die Kritik der Demonstranten ging noch viel weiter: Sie wandten sich offen gegen das gesamte konfessionelle politische System im Libanon. „Seit dem Bürgerkrieg drehte sich jedes Gespräch im Land zunächst um die Konfession, bevor über das Land geredet wurde. Wir erleben heute bei den Protesten ein neues Bewusstsein jenseits der Religionszugehörigkeit. Unser Staat versucht immer noch die konfessionelle Karte zu spielen, aber das Volk lässt sich nicht mehr an der Nase herumführen", erläuterte mir der junge Demonstrant Sami, der vor dem Regierungssitz protestierte und der seinen Nachnamen nicht preisgeben wollte. Libanesen erkennen am Nachnamen immer sofort, welcher Religion dessen Träger angehört. „Wir müssen den Konfessionalismus hinter uns lassen und als Libanesen an einem Strang ziehen", forderte auch die Studentin Batol Yasbik. Wer helfe ihr, wenn sie einen Unfall auf der Straße habe, fragte sie und gab auch gleich die Antwort: „Nicht der Patron meiner Religionsgruppe, sondern, je nachdem, wo es passiert, bringt mich ein Schiit, Sunnit, Christ oder Druse ins Krankenhaus", sagte sie und fügte hinzu: „Wir müssen dieses überkommene System auch in unseren Köpfen hinter uns bringen, denn die Führer der verschiedenen Religionsgruppen sitzen in ihren Häusern und treiben uns wie die Schafe vor sich her."

Tatsächlich herrscht in der libanesischen Politik seit den Zeiten des Bürgerkrieges, der von 1975 bis 1990 dauerte, ein festgefahrenes konfessionelles Politsystem. Die Wahlkreise sind so aufgeteilt, dass man meist nur einen Politiker mit der eigenen Religionszugehörigkeit wählen kann. Es ist in der Verfassung festgelegt, dass der Präsident ein Christ, der Premier ein Sunnit und der Parlamentssprecher ein Schiit sein muss. Es sind die Clans der jeweiligen Religionsgruppen, die bei allen Auseinandersetzungen der letzten Jahre ihrer Klientel Schutz geboten haben. Wenn eine Gruppe von Clans auf konfessioneller Basis den Staat repräsentiere, dann sei das ein System, das Korruption und Misswirtschaft Tür und Tor öffne, meinte der libanesische Politologe Sami Atallah, den ich in seinem Büro im Libanesischen Zentrum für politische Studien besuchte. „Die politische Elite, der jeweilige Führer einer Religionsgruppe, bedient nicht seine Klientel. Er bereichert sich vor allem selbst und seine Spezis“, beschrieb er die Lage. Doch dieses System zu brechen, sei nicht einfach. „Im Libanon war die religiöse Identität immer viel stärker als die soziale Identität und die politischen Parteien und die Regierung füttern dieses System. Denn es ist der Weg, wie sie im Libanon Politik kontrollieren“, schilderte er die Ausgangslage.

Ob die Menschen das mit dieser Revolte verändern, werde man sehen. Es werde dauern, bis sich am Ende Gruppen und Parteien gebildet haben, die Politik auf einer neuen Basis machen können. „Aber wir haben das Element der Angst gebrochen und erstmals das konfessionelle System in großem Stil infrage gestellt. Und wir haben den Weg für eine Politik geöffnet, die auf soziale Bedürfnisse und Rechte ausgerichtet ist“, so seine Hoffnung.

Und noch etwas anderes wurde im Libanon deutlich. Auch die Ideologie der militanten Islamisten verfing nicht mehr. Die zweitgrößte libanesische Stadt, Tripoli, die vornehmlich von Sunniten bewohnt wird und von der Regierung in Beirut völlig vernachlässigt wird, gilt nicht nur als eines der Armenhäuser des Landes. Die konservative Stadt galt immer auch als eine der Hochburgen militanter Islamisten. Hier lieferte sich 2014 die libanesische Armee sogar einen mehrtägigen Häuserkampf mit Zellen militanter sunnitischer Islamisten, die dem IS und der Al-Kaida-nahen Nusra-Front zugerechnet wurden, die im benachbarten Syrien ihr Unwesen trieben. „Wir werden nicht erlauben, dass eine Handvoll Terroristen Tripoli zur Geisel nimmt und die

Uhren dort zurückdreht", erklärte der damalige libanesische Ministerpräsident Tammam Salam.

Bei meinem Besuch im Oktober 2019 herrschte in Tripoli eine völlig andere Szene. Auf dem Nour-Platz im Zentrum der Stadt peitschte ein DJ die Demonstranten auf. Eine Aufstands-Party war in vollem Gang. Hier waren noch mehr Menschen auf der Straße als in Beirut, weswegen Tripoli von dessen Einwohnern auch oft stolz als „die Braut der Revolution" bezeichnet wurde. Tausende vor allem junge Demonstranten tanzten durch den Abend. „Die Leute denken, Tripoli ist wie Kandahar in Afghanistan. Sie glauben, hier leben nur Islamisten und IS-Terroristen. Und schau jetzt auf diesen Platz. Schau auf den DJ, seit Tagen spielen sie dort. Hier tobt das Leben", erklärte mir die junge Demonstrantin Reem Hajj Ali begeistert und schloss sich wieder den Tanzenden an. „Wenn wir alle sagen, dann meinen wir alle, alle unsere Politiker sind Diebe", rief der DJ vom Dach eines Hauses am Platz: eine Botschaft, die dann aus Tausenden Kehlen schreiend wiederholt wurde. Und dann ging im libanesischen Kandahar endgültig die Post ab. Sie rockten durch die Nacht gegen Korruption und Misswirtschaft. Und sie hatten nicht vor, das Handtuch zu werfen, bevor die gesamte Regierung in Beirut zurückgetreten ist.

Eine handfeste Wirtschaftskrise, schon vor Corona

Am 29. Oktober 2019 warf stattdessen Premier Hariri das Handtuch und trat zurück. Er hinterließ einen führungslosen Libanon, der sich immer mehr in eine schwere wirtschaftliche Krise verstrickte. Die Banken bekamen ein ernsthaftes Liquiditätsproblem und es mangelte an harter Währung. Geldabhebungen und Überweisungen wurden eingeschränkt. Damit begann ein Teufelskreis, denn die vier Millionen Einwohner des Landes lebten vorwiegend von Zahlungen der geschätzten 15 bis 18 Millionen Auslands-Libanesen. Da ihre Verwandten im Libanon kaum mehr Geld abheben konnten, stellten die aber ihre Zahlungen ein. Nach zwei Monaten erfolgloser politischer Verhandlungen gab Hariri schließlich den Versuch auf, eine neue Regierung zu bilden. Die Hisbollah und ihre Verbündeten stellten mit Hassan Diab einen neuen, farblosen Premierminister, der einst das Amt des Erziehungsministers innegehabt hatte. Die Proteste gingen weiter. Weder die politische noch die wirtschaftliche Krise waren gelöst.

Die große Unbekannte bei den Protesten im Libanon bleibt die schiitische Hisbollah. Sie steckt in einem Dilemma. Die Hisbollah ist zweifellos die politisch und militärisch stärkste Kraft im Land und könnte jede Protestbewegung über Nacht beenden, indem sie ihr Fußvolk auf die Straße schickt. Aber bisher hat sie gezögert. Denn eines kann ihr durchaus gefährlich werden: Die Demonstrationen fanden nicht nur in Beirut und Tripoli statt, sondern auch in den schiitischen Hisbollah-Hochburgen im Süden des Landes und in der Bekaa-Ebene. Die Hisbollah bekam dort erstmals politisch Konkurrenz von Menschen, die ebendort die soziale Frage stellten.

Dabei präsentierte sich doch immer die Hisbollah selbst als politische Heimat der schiitischen Mittellosen, genau jener also, die nun verärgert gegen das gesamte politische System im Libanon auf die Straße gingen. Gegen die eigene mittellose Klientel auf den Demonstrationen vorzugehen, würde diesen Nimbus der Organisation bei den Schiiten zerstören. Das ist der Grund, warum die Hisbollah extrem vorsichtig sein musste.

Es steht viel auf dem Spiel. Wenn der Führungsanspruch der Hisbollah innerhalb der schiitischen Gemeinschaft angezweifelt wird, geht es für die Organisation und ihre iranischen Unterstützer sofort ums Eingemachte. Dennoch darf man hier keine Fehler machen. Die Hisbollah hat keinerlei Interesse, dass sich die Protestbewegung in die Länge zieht. Wenn sie sich in existenzieller Gefahr sieht, wird sie ihr Zögern und die Angst, ihre eigene Klientel vor den Kopf zu stoßen, über Bord werfen und versuchen, die Demonstranten als ausländische Verschwörung darzustellen und mit Gewalt gegen sie vorgehen. Das wäre für den Libanon das schwärzeste aller Szenarien.

Irak: Gegen die konfessionelle Amigo-Politik

Und dann begannen am 1. Oktober 2019 im Irak die bisher heftigsten Proteste der Arabellion 2.0. Dort ging eine junge Generation auf die Straße, die in den letzten 16 Jahren seit dem Sturz Saddam Husseins sozialisiert und politisiert worden war. Meist arbeitslos, ohne jegliche Perspektive, war für sie die „Demokratie“ im Irak praktisch gleichbedeutend mit Korruption der von ihnen gewählten Politiker, die sie eigentlich vertreten sollten. Denn die wirtschafteten in ihre eigenen Taschen, während es den Menschen immer schlechter ging.
Im Vergleich zu Algerien, dem Sudan und dem Libanon waren die Proteste ungleich gewalttätiger – vonseiten der Sicherheitskräfte. Mehr als 600 Demonstranten wurden laut einem Bericht von Amnesty International vom 23. Januar 2020 in den ersten Monaten des Aufstandes getötet, über 20.000 verletzt.

Die Proteste waren in der traditionellen politischen Landschaft und dem üblichen konfessionellen Blick auf die irakische Politik schwer zu verorten. Den Irak mit dem Schema Schiiten gegen Sunniten zu erklären, funktionierte nicht mehr. Die meist jungen Demonstranten, die ihr Leben riskierten, weil sie es wagten, auf die Straße zu gehen, hatten keinerlei politische Führung und keine klaren politischen Verbindungen. Was sie einte, war ein tief empfundenes Gefühl, im Irak keine Zukunftsperspektive mehr zu sehen. Und sie machten dafür den ineffektiven und korrupten Staatsapparat verantwortlich.

Laut dem weltweiten Korruptionsindex von Transparency International rangiert der Irak unter den korruptesten Ländern der Welt. Die staatlichen Dienstleistungen sind katastrophal. Besonders zu schaffen machen den Menschen die stetigen Stromausfälle, vor allem im Sommer bei oft über 40 Grad Hitze. Im Sommer 2018 waren in der südlichen Stadt Basra schon einmal gewalttätige Proteste ausgebrochen, als Zehntausende Menschen wegen kontaminierten Trinkwassers in die Krankenhäuser der Stadt eingeliefert wurden.

Jeder vierte Iraker im Alter zwischen 15 und 24 Jahren war nach Angaben der Weltbank 2019 arbeitslos. Das ist besonders dramatisch, weil sechs von zehn Irakern unter 24 Jahre alt sind. Jedes Jahr müssten aufgrund des Bevölkerungswachstums 700.000 zusätzliche Arbeitsplätze geschaffen werden, um den ohnehin schon miserablen Status quo halten zu können. Die Menschen fühlten sich vom Staat, den sie nur als einen korrupten Kraken wahrnahmen, alleingelassen.

Dass der Staat äußerst brutal auf die Protestbewegung reagierte, schreckte die Demonstranten nicht ab, sondern wiegelte sie noch mehr auf. Das Gros der Proteste fand in jenen Teilen des Landes statt, in denen mehrheitlich Schiiten leben. Die Menschen auf dem Tahrir-Platz in Bagdad, dem Zentrum der Proteste, kamen meist aus den schiitischen Teilen der Stadt, und im schiitischen Süden des Landes, in Nasiriya oder Diwaniyya und Hilla oder Basra, gingen sie ebenfalls auf die Straße. Dort richteten sie sich gegen die eigenen schiitischen Lokalpolitiker, aber auch gegen die von religiösen schiitischen Parteien dominierte Zentralregierung in Bagdad. Schiiten begannen erstmals von ihrer eigenen politischen Führung Rechenschaft einzuklagen.

Dabei richtete sich der Protest auch gegen die schiitischen Milizen, die vom Iran kontrolliert werden, die in den Verwaltungen und Ministerien den Ton angeben. Diese Milizen agieren dort besonders willkürlich und wirtschaften in die eigenen Taschen. Posten und Dienstleistungen werden an Günstlinge oder gegen Bestechung verteilt. Sie sind der Inbegriff der Korruption. Die Protestierenden warfen diesen Milizen auch vor, hinter der scharfen Reaktion gegen die Demonstrationen zu stecken.

Der Irak hat sich nie von der Herrschaft Saddam Husseins, der anschließenden US-Invasion und Besatzung, dem Bürgerkrieg und später dem Krieg gegen den IS erholt. In all dieser Zeit gab es für die Iraker keinen Moment, um durchzuatmen und sich ihren wirtschaftlichen und sozialen Problemen zuzuwenden. Dass die US-Besatzung immer damit argumentiert hatte, dem Land Demokratie und Reformen bringen zu wollen, mit all dem Desaster, das dem folgte, hatte auch lange Zeit jegliche einheimische Reformbewegung diskreditiert. Die Iraker waren damit beschäftigt, gegen die US-Besatzung und später entlang konfessioneller Linien gegeneinander zu kämpfen. Die Ironie ist, dass diese neuesten blutigen Proteste ein Zeichen der Normalisierung der irakischen Politik darstellten. Mit dem Ende des Krieges gegen den IS besannen sich die Iraker nun wieder ihrer sozialen und wirtschaftlichen Probleme. Interkonfessionelle Konflikte zwischen Schiiten und Sunniten, die das Land jahrelang bestimmt hatten, traten in den Hintergrund. Statt zu versuchen, ihre Souveränität gegen die US-Besatzung zurückzuerlangen und statt sich zwischen Sunniten und Schiiten aufreiben zu lassen, forderten sie von ihrer politischen Führung vor allem zwei Dinge: ihre sozialen Rechte und einen funktionierenden Staat.

Eine der Forderungen der Demonstranten war im Januar 2020 bereits erfüllt. Ministerpräsident Adel Abdel Mahdi war kurz zuvor zurückgetreten, war aber noch kommissarisch im Amt, bis sich die Parteien im Parlament auf jemand neuen einigen. Aber das war den Demonstranten nicht genug. Sie wollten mit den herrschenden Parteien und den Milizen im Irak, die sie für alle Missstände im Land verantwortlich machten, nichts mehr zu tun haben und sie gänzlich abschaffen. Sie hassten deren konfessionell angetriebene Politik, die sie in Sunniten, Schiiten, Christen, Kurden und Araber unterteilte. Und gerade weil sie so anders waren und so viel wollten, hatten die Demonstranten einen schweren Stand.

„Wenn sie eines unserer Zelte anzünden, stellen wir zehn neue auf"

Ende Januar 2020 besuchte ich den Tahrir-Platz in Bagdad, bereits zum zweiten Mal. Es war fast ein Déjà-vu: Neun Jahre zuvor stand ich in Kairo mitten in der Arabischen Revolution auf dem Platz selben Namens. „Tahrir" bedeutet übrigens auf Deutsch „Befreiung". Es gibt in der arabischen Welt eine ganze Reihe solcher „Befreiungs-Plätze". Stolz so benannt als Erinnerung an die Befreiung von Monarchie und Kolonialismus. Leider hatten es die Herrscher der arabischen Republiken dann auch nicht so mit der Freiheit ihrer Völker, weswegen die Befreiungs-Plätze, stets prominent in den Zentren der arabischen Hauptstädte gelegen, in den letzten zehn Jahren zu Zentren des Aufstandes gegen jene Systeme wurden, die den Plätzen im Jahrhundert zuvor den Namen gegeben hatten.

Aber zurück zum Tahrir-Platz in Bagdad. Es war immer ein spezifisches peitschendes Geräusch, das die Stimmung schlagartig veränderte. Herrschte in dem Protestlager, in dem seit Oktober Tausende vor allem junge Iraker campierten, gerade noch eine entspannte Volksfeststimmung, brach mit diesem Geräusch regelmäßig Hektik aus, wenn eine ganze Reihe von Schüssen aus den umliegenden Straßen zu hören war. Familien zogen sich dann meist rasch zurück. Heerscharen junger Männer machten sich auf den Weg in die andere Richtung, dorthin, wo die Schüsse herkamen, um ihren Platz zu verteidigen. Einige wenige trugen Helme und Westen mit vielen Taschen, in denen Molotowcocktails steckten. Auch dieses Mal rissen die Schüsse nicht ab. Auf dem Tahrir-Platz wartete man darauf, was als nächstes geschehen würde. Vor allem vor dem Feldlazarett hatten sich viele versammelt, in Erwartung der Dinge, die da kommen. „Fast jeden Tag bekommen wir hier Verletzte herein, manche von ihnen sind so schwer verletzt, dass wir sie nicht retten können. Meist haben sie Schusswunden, andere sind am Ersticken wegen des Tränengases", erzählte die junge Ärztin Israa Muhammad. Später rückte die Polizei tatsächlich bis auf den Platz vor, zündete einige Protestzelte an, zog sich dann aber wieder zurück.

Am nächsten Vormittag am gleichen Ort, ein friedlicher Sonntag bei strahlendem Sonnenschein, so als wäre nichts gewesen: Tausende Studenten zogen über den Platz.

Noch am Abend zuvor hatten sie an der Universität dazu aufgerufen. Trotzig waren sie wieder da, sie wollten zeigen, dass sie sich durch nichts abschrecken und von ihren Protesten abhalten lassen. „Gestern Nacht haben wir unsere Zelte schon wieder aufgebaut und die von der Polizei abgebrannten ersetzt. Wenn sie ein Zelt abfackeln, bauen wir zehn neue auf", erzählte mir der Student Bahr Muhammad. „Unsere Botschaft an alle Parteien im Irak und an alle außerhalb und alle, die vor allem auf den Iran hören: Eure Tage sind gezählt. Ihr schießt mit scharfer Munition auf uns, ihr tötet uns, ihr sperrt uns ein, aber wir stehen immer noch hier. Glaubt ihr wirklich, nach all dem gehen wir nach Hause?", fragte er betont kämpferisch. Die junge Zahraa Fuad drängte sich daneben. „Sie wollen uns Angst machen. Wir haben keine, nicht einmal vor ihren Kugeln. Wir wollen einfach nur unsere Rechte. Was gibt es mehr, als uns zu töten und uns zu unterdrücken. Wir können nicht mehr länger schweigen. Es reicht uns einfach", sagte sie aufgebracht.

Das ist wahrscheinlich genau das Problem der irakischen Regierung, der konfessionellen Parteien und der Sicherheitskräfte. Wenn man einmal 600 Demonstranten erschossen hat und die anderen immer noch auf der Straße sind, was muss man anrichten, um sie von der Straße zu zwingen? Oder geht man doch auf sie ein?

Auf dem Platz hörte man unterdessen die Demonstranten laut ein bekanntes Protestlied mit dem Titel „Der eingezogene Schwanz" singen. Der Schwanz ist im Arabischen im übertragenen Sinn das Anhängsel, und es sind damit vor allem die schiitischen Gruppierungen im Irak mit starken Verbindungen zum Iran gemeint. Die Studenten sangen lautstark mit und sprangen im Takt der Musik auf und ab. „Ihr werdet uns nicht zum Schweigen bringen, ihr werdet uns zuhören müssen, denn wir werden immer mehr. Wir werden uns von euch jeden Millimeter unserer Rechte holen", sangen sie.

Ein Dutzend Demonstranten spannte eine Decke auf und hielt sie fest umklammert. Abwechselnd stieg einer nach dem anderen darauf und wurde dort unter einem 1,2,3-Anfeuerungsruf in die Luft geschleudert. So, als wollten sie in all ihrer Ausgelassenheit zeigen, dass sie genug vom alten System haben, ausbrechen und vor allem endlich mal hoch hinaus wollen. Wenige Meter neben ihnen befand sich ein Stand mit symbolischen Särgen. Dort waren zum Gedenken die Bilder ihrer Toten aufgehängt, meist sehr junge Gesichter von Demonstranten, die die letzten Protestmonate nicht überlebt hatten. Daneben hatten sie liebevoll einige Blumentöpfe aufgestellt. Es war ein Bad der widersprüchlichen Gefühle auf dem Tahrir-Platz in Bagdad. Trotzige, singende und stampfende Freude, tiefe Trauer und ein angespanntes Warten darauf, wann das nächste Mal das Peitschen von Schüssen zu hören sein würde.

Dreirädrige Krankenwagen im Dienst des Volkes

Bei meinem ersten Besuch im Dezember 2019 verlief an der Jumariyah-Brücke über den Tigris eine der aufreibendsten Fronten zwischen Demonstranten und Sicherheitskräften in Bagdad. Das Ende der Brücke am Westufer des Tigris war mit großen Betonbarrikaden blockiert, damit nicht irgendwelche Sicherheitskräfte oder Milizen von dieser Seite überraschend auf den Tahrir-Platz stürmen konnten. Außerdem gaben sie auch Deckung vor den Scharfschützen, die in einem roten Hochhaus auf der anderen Seite des Flusses ihrer Einsatzbefehle harrten. Gleich hinter der Barrikade wartete das feuerrote Tuk-Tuk des jungen Irakers Rahim auf alle Eventualitäten. Die Tuk-Tuks waren so etwas wie die Ikone der Aufstände im Irak, denn sie waren als Kranken- oder Totentransporter an der Front im Einsatz und knatterten immer dorthin, wo es krachte. Rahims Tuk-Tuk war, wie die meisten, mit einem Zweierteam bestückt. Einer fuhr, der andere nahm den Verletzten auf der engen Rückbank in den Arm. Platz, ihn hinzulegen, gab es dort keinen. Rahim war bei diesem Tuk-Tuk der Mann auf der Rückbank oder so etwas wie der Sanitäter.

Der junge Mann war aber nicht nur hier, um Verletzte zu bergen. Er sah sich auch als ein Teil der Protestbewegung. „Wir sind hier auf der Straße, um den Irak von diesen Dieben zu befreien, die uns all unser Geld und unsere Rechte genommen haben. Wir jungen Iraker wollen eigentlich nur ein menschenwürdiges Leben", erläuterte er. „Nimm mich als Beispiel", führte er weiter aus. „Ich habe eigentlich Ölingenieur studiert und spreche vier Sprachen. Aber hier im Irak fragt niemand nach mir."

Auf die Frage, was für ihn im Tuk-Tuk-Einsatz sein schwerstes Erlebnis in den letzten Wochen gewesen sei, dachte Rahim eine ganze Weile nach: „Das war, als ich hinten mit einem verletzten Jungen saß", begann er. Der sei vielleicht 15 oder 16 Jahre alt gewesen und hatte einen Kopfschuss. „Ich hielt ihn im Arm, als er starb. Dann klingelte sein Handy und seine Mama war dran", erinnerte er sich. Sie fragte, warum nicht ihr Sohn Abbas antworte. „Sie fragte immer wieder, wo ist mein Sohn, wo ist mein Sohn? Ich antwortete ihr, dass ihr Sohn sein Handy bei mir vergessen habe. Ich konnte ihr einfach nicht die Wahrheit sagen." Rahim hält inne. Seine Augen füllen sich mit Tränen.

Oft waren es aber auch die Tuk-Tuk-Fahrer selbst, die ihren Einsatz nicht überlebten. Eine halbe Autostunde vom Tahrir-Platz im Zentrum Bagdads entfernt spielte eine Gruppe Kinder bei einer ausgebrannten Motorrikscha, die am Rand einer Hauptverkehrsstraße stand, die durch das Bagdader Armenviertel Sadr City führt. Die Kinder kletterten durch das ausgebrannte Wrack und ahmten den Einsatz eines ihrer Helden und Vorbilder unter den revolutionären Tuk-Tuk-Fahrern nach. „Wir trauern um den Fahrer Ahmad Al-Lami", hieß es auf einem schwarzen Banner, das lautlos in einer leichten Brise vor sich hin flatterte.

Gleich neben dem ausgebrannten Wrack führte eine Gasse zu dem einfachen Haus, in dem Ahmad Al-Lami einst gelebt hatte. Dort fand die Trauerfeier statt. Verwandte und Freunde waren zusammengekommen und saßen entlang der Wände eines Raumes auf dem Boden, an dessen Ende ein Porträt des Verstorbenen aufgebaut war – wie es sich für diese konservativ schiitische Nachbarschaft gehört die Männer in einem, die Frauen in einem anderen Raum. Der Onkel des Verstorbenen, Abu Seif Al-Lami, erzählte Ahmads Geschichte. Der 21-Jährige war einer der Tuk-Tuk-Krankentransporter gewesen. Zwei Tage zuvor war er dabei selbst erschossen worden. Sein Tuk-Tuk wurde anschließend von den Sicherheitskräften angezündet. Die Familie konnte Ahmad am nächsten Tag im Leichenschauhaus abholen. Der Onkel holte ein rosa Papier hervor: die Sterbeurkunde. „Tödlicher Schuss in den Rücken", hieß es dort. Abu Seif hatte keinerlei Zweifel, wer die Verantwortung trägt. „Natürlich hat ihn der Staat getötet, die Regierung, sonst war niemand mit Waffen auf dieser Demonstration", war er sich sicher. Ahmad habe einfach nur seinen Brüdern helfen und für seine Rechte kämpfen wollen. „Er wollte Veränderung, er war unbewaffnet", sagte er.

Sadr City ist ein Bagdader Armenviertel, in dem vorwiegend Schiiten aus dem verarmten ländlichen Süden wohnen. Über eine Million Menschen sollen dort leben. Wie viele genau, weiß niemand. Es ist ein sozialer Brennpunkt und eigentlich eine Hochburg schiitischer religiöser Parteien. Auch die schiitischen paramilitärischen Milizen heuern hier ihre Kämpfer an. Aber in dem Heim des erschossenen Tuk-Tuk-Chauffeurs hat sich neben tiefer Trauer auch viel Wut und Ärger gegen die Regierung, das Parlament und gegen die staatlichen Institutionen angestaut, die genau von diesen schiitischen Parteien dominiert werden. „Nach dem Sturz Saddams dachten wir, die religiösen Parteien werden unsere Zukunft aufbauen. Stattdessen haben sie unser Land zerstört und jetzt bringen sie uns um, anstatt Arbeit für die jungen Menschen zu schaffen", sagte Ahmads Großvater Abdel Ali Al-Lami mit lauter und ärgerlicher Stimme.

In dem Trauerraum fand, wie an vielen Orten im Irak, ein Paradigmenwechsel statt. Früher stand die eigene religiöse Identität im Vordergrund und die politische Bruchlinie verlief zwischen Schiiten und Sunniten, bis hin zu einem Bürgerkrieg. Heute wenden sich die Menschen eher gegen die Führung der eigenen Religionsgruppen, die in ihre eigenen Taschen wirtschaften. „Sie haben die Religion als Waffe benutzt. Sie waren einst so arm wie wir und plötzlich fuhren sie große Autos und hatten eine ganze Armee von Leibwächtern", beschrieb der Großvater den Prozess. Immer wieder zogen sie im Raum auch gegen das Regime im benachbarten, ebenfalls schiitischen Iran her, der viele der politischen Angelegenheiten des Irak kontrolliere und der die Regierung gegen die Demonstranten aufhetze. „Unsere Politiker sind nichts anderes als iranische Agenten", war ein im Raum immer wieder zu hörender Satz. Der Wunsch nach Veränderung und einer Abkehr vom Iran ist also inzwischen auch im Armenviertel Sadr City eingezogen, eigentlich eine Rekrutierungs-Hochburg der iranhörigen Milizen. Ähnlich wie die Hisbollah im Libanon verlieren diese Milizen auch im Irak ihr politisches Monopol, das sie bisher vor allem bei den verarmten Schiiten genossen hatten.

Ahmad Al-Lamis jüngerer Bruder Alaa lenkte das Gespräch wieder auf den Verstorbenen. Der habe sich das Tuk-Tuk erst vor wenigen Wochen für umgerechnet 3400 Dollar mit einem Kredit gekauft. Doch anstatt damit Geld zu verdienen, um seine Schulden zurückzuzahlen, habe er es als seine Pflicht empfunden, damit zu den Demonstrationen zu fahren, um sich um die Verletzten zu kümmern, blickte Alaa zurück. „Jetzt ist mein Bruder tot und sein neues Tuk-Tuk ist nur noch ein verbranntes Wrack." Eigentlich, meinte Alaa, sollten offizielle staatliche Krankenwagen die verletzten Demonstranten abholen. Aber das wäre nicht logisch. „Der Staat lässt doch nicht auf dich schießen und schickt dir dann einen Krankenwagen. Nein, die würden dich auf der Straße liegen lassen, bis du verblutest", schlussfolgerte er. Ergo: Die Freiwilligen und die Tuk-Tuks seien unverzichtbar.

Draußen vor dem Haus hatte sich inzwischen eine Gruppe von Freunden des erschossenen Fahrers versammelt. Sie hatten ein etwas altmodisches, dunkelblaues Jackett mit hellblauen Streifen mit dazugehöriger Krawatte mitgebracht. Das habe der Tote erst vor wenigen Wochen gekauft. Er wollte demnächst darin heiraten, erzählten sie.

Dann zückten sie ihre Handys und präsentierten alte Videos von Ahmad. Die zeigten einen offensichtlich lebenslustigen jungen Mann, der in seinem Tuk-Tuk sitzt und mit seinen Freunden scherzt. Dann wurde ein Video abgespielt von dem Tag, an dem seine Leiche im Haus ankam. Ein schiitischer Scheich zitiert aus dem Koran. Einer der jungen Freunde ist zu sehen, wie er sich mit der Faust ununterbrochen auf den Kopf schlägt und dabei laute Schreie ausstößt. Ein anderer steht auf und reißt sich das Hemd auf, schluchzt unkontrolliert und schlägt um sich, bis ein älterer Mann zu ihm kommt, ihn umarmt und ihn fest an sich drückt. Es waren ungebremste, rohe Gefühle der jungen Iraker für einen der ihren, der im Kampf für Veränderung und ihre Zukunft sein Leben ließ. Das letzte Video zeigte dann die Beerdigung. Familie und Freunde feuern traditionell aus Respekt für den Toten mit ihren Kalaschnikows in die Luft. Eine Salve folgt der anderen. Ein Beweis, dass sie alle Waffen zu Hause haben. Es grenzt eigentlich an ein Wunder, dass sie trotzdem weiter unbewaffnet auf die Straße gingen und weiter friedlich demonstrierten.

Wenn zwei Elefanten miteinander kämpfen, leidet das Gras

Die religiösen schiitischen Parteien und ihre Gruppierungen, derart unter Beschuss geraten, versuchten ihre eigene konkurrierende Protestbewegung aufzustellen. Ihr Leib- und Magenthema, mit dem sie mobilisierten: der Abzug der US-Truppen aus dem Irak. Und Donald Trump machte ihnen ein großes Geschenk, mit dem sie von ihrer Unfähigkeit zu regieren ablenken konnten. Am zweiten Tag des Jahres 2020 wurde der iranische General Qassem Soleimani auf Befehl des US-Präsidenten bei einem US-Drohnen-Angriff in einem Konvoi am Flughafen in Bagdad getötet. Es war Trumps Antwort auf die Stürmung der US-Botschaft in Bagdad durch eine iranhörige Miliz ein paar Tage zuvor.

Um die irakische Reformbewegung wurde es in den internationalen Medien still. In den Schlagzeilen dominierten jetzt wieder die schiitischen Milizen und Parteien die Szene, gegen die die jungen Iraker seit Monaten auf die Straße gegangen waren. Das wahrlich Tragische dabei: Hätte man es den Irakern überlassen, einmal selbst auszuhandeln, wer sie politisch führt, dann hätte der Einfluss des iranischen Regimes wahrscheinlich von ganz allein und vor allem nachhaltig nachgelassen. Stattdessen spielte Trump jenen Iranhörigen, die von einer konfessionell getriebenen Politik profitierten, mit der Tötung Soleimanis auf irakischem Boden in die Hände. Sie sahen die Tötung des iranischen Generals als eine Gelegenheit an, das Heft wieder an sich zu reißen.

Die wachsenden Spannungen zwischen den USA und dem Iran ließen unter den Irakern die Sorge wachsen, dass sie zwischen die Fronten geraten und dieser Konflikt auf irakischem Boden ausgetragen werden könnte. Die Iraker nutzten ein Sprichwort, um diese Situation zu beschreiben: „Wenn zwei Elefanten miteinander kämpfen, leidet das Gras." Sie hatten keine Lust, das zertrampelte Gras zu sein.

Auf dem Tahrir-Platz wuchs der Frust. „Jedes Problem in dieser Region fällt uns auf den Kopf. Der syrische Bürgerkrieg hat uns hier im Irak den IS beschert. Und jetzt, wo wir damit fertig sind, sind wir der Austragungsort des Streits zwischen den USA und dem Iran, mit dem wir nichts zu tun haben", erzählte mir der Student Natiq Hussein, der vor einem der Zelte saß. Israa Farouk, eine andere Studentin, stimmte ihm zu. „Die Ermordung Soleimanis ist ein Thema, das über unseren Köpfen stattfindet. Wir wollen unsere Heimat verändern. Wir wollen in Frieden leben. Wir wollen Freiheit. Wir wollen die korrupte Regierung beseitigen." Der Abzug der Amerikaner sei nicht ihre Priorität. Sie möchte, dass ihre Forderungen nach Reformen zuerst erfüllt werden. „Wenn wir die Korruption besiegt und einen starken Staat geschaffen haben, dann werde ich mich gegen alle wenden, die die irakische Souveränität verletzen, egal ob das die Iraner oder die Amerikaner sind. Im Moment habe ich wichtigere Forderungen", fasste sie zusammen.

Fazit der Arabellion 2.0

Es war die soziale Frage, im Zusammenspiel mit schlecht funktionierenden Staatswesen, katastrophalen Dienstleistungen, Korruption und Amigo-Wirtschaften, die die arabische Welt zu einer zweiten Runde von Aufständen auf die Barrikaden getrieben hat. Die Menschen, vor allem die jungen, wollten die drei arabischen Weggefährten Armut, Ungleichheit und Machtlosigkeit nicht mehr als gottgegeben hinnehmen.

Keine der vier arabischen Aufstandsbewegungen hat dabei bisher ihr Ziel erreicht. Am weitesten haben es bisher die Sudanesen geschafft, die dem Militär tatsächlich ein Machtteilungsabkommen abkämpfen konnten, das, so die Theorie, am Ende in einen zivilen und demokratischen Staat münden soll. Aber das alte System lauert auch da auf eine Chance, das Rad wieder zurückzudrehen.

Die Algerier haben noch eine längere Strecke zurückzulegen. Ihren Diktator sind sie losgeworden, einige Oligarchen des alten Systems landeten im Gefängnis. Zwei Mal hatten es die Protestierenden geschafft, Präsidentenwahlen hinauszuzögern, mit dem Argument, dass die alten Strukturen noch nicht zerstört und die neuen noch nicht aufgebaut seien. Dann aber wurde doch ein wenig beliebter Mann des alten Systems, Abdelmadjid Tebboune, am 12. Dezember 2019 zum neuen Präsidenten gewählt. Da aber sechs von zehn wahlberechtigten Algeriern den Wahlurnen fernblieben, hat er kaum Legitimität. Der „tiefe Staat“, wie in der arabischen Welt die alten, verkrusteten Strukturen genannt werden, ist in Algerien noch lange nicht besiegt.

Und im Libanon und im Irak erweisen sich die auf konfessioneller Basis aufgebauten Systeme für die Demonstranten als harte Nuss. Premierminister kommen und gehen, das System bleibt. Im Libanon versuchen die Familienclans und die Hisbollah, im Irak die Milizen und vor allem die religiösen schiitischen Parteien, die Protestbewegung auszusitzen und ihre eigene Agenda durchzusetzen.

In beiden Ländern kämpfen die Protestbewegungen bergauf. Es wird Gewalt gegen sie angewendet, um sie zu stoppen. Sie müssen festgefahrene konfessionelle Grenzen überwinden und sie haben einen mächtigen Gegner: eine Nomenklatura, die jeden Tag von diesem konfessionellen System profitiert und mit ihm gestärkt wird und die sich bisher jeglicher Rechenschaft entzogen hat. Das wohl Bemerkenswerteste an den Protestbewegungen im Libanon und im Irak ist, dass sie einfach nicht aufgeben.

Aus Fehlern gelernt

Der Prozess des Wandels in der arabischen Welt ist ein langer. Aber er schreitet fort, auch weil die Protestbewegungen der Arabellion 2.0 einiges aus den Fehlern der arabischen Aufstände 2011 gelernt haben. Die haben ihnen vor allem fünf wichtige Lektionen mit auf den Weg gegeben. Einige dieser Lektionen hat die ehemalige US-Diplomatin Michele Dunne, heute leitende Wissenschaftlerin bei der Carnegie-Stiftung für Frieden, in ihrem Aufsatz „Fear and Learning in the Arab Uprisings" im Januar 2020 zusammengefasst. Ich baue sie hier weiter aus. Denn hier laufen alle Fäden dieses Buches zusammen.

Die erste Lektion: Um wirklich etwas zu ändern, braucht die arabische Protestbewegung vor allem eines – einen sehr langen Atem. Sämtliche neuen Proteste, ob in Algerien, im Sudan, im Libanon oder im Irak, dauerten wesentlich länger als die Aufstände 2011. Die Algerier gingen ein ganzes Jahr lang auf die Straße und feierten den Jahrestag ihres Aufstandes mit Großdemonstrationen. Die sudanesischen Proteste ließen acht Monate nicht nach, bis schließlich das Machtteilungsabkommen geschlossen wurde. Die Libanesen und Iraker protestierten vier Monate lang, bis ihnen die Corona-Pandemie einen Strich durch die Rechnung machte. Im Vergleich dazu: Die Ägypter waren 2011 nur 18 Tage auf der Straße und brachen ihren permanenten Protest nach dem Sturz Mubaraks ab, in dem trügerischen Gefühl, den Sieg sicher in der Tasche zu haben.

Die zweite Lektion: „Salmiya", „friedlich", ist einer der wichtigsten Slogans, die durch die Straßen von Algier, Khartum, Beirut und Bagdad hallten. Obwohl die Sicherheitskräfte in allen vier Ländern immer wieder brutal gegen die Protestbewegung vorgingen, blieben die Proteste weitgehend friedlich. Das ist vielleicht am bemerkenswertesten im Irak, da die Demonstranten dort nicht nur von offiziellen Sicherheitskräften, sondern oft auch von Partei-Milizen erschossen wurden – eigentlich ein sicheres Rezept für einen Bürgerkrieg. Aber hier gilt wohl Syrien als das abschreckendste Beispiel. Nachdem das Regime dort völlig skrupellos auf die zunächst friedlichen Demonstranten schießen ließ, begann sich die syrische Opposition, auch mit Überläufern aus dem syrischen Militär, zu militarisieren. Das war ihr wohl größter Fehler: Denn damit hatte das Regime in Damaskus die Protestbewegung genau da, wo sie sie haben wollte. Schließlich ist es für das internationale Image besser, brutal gegen die andere Seite vorzugehen, wenn diese auch bewaffnet ist und zurückschießt.

Die Harvard-Professorin Erica Chenoweth, die das im vorhergehenden Kapitel beschriebene 3,5-Prozent-Gesetz entdeckt hat, wonach es nur eine relativ kleine, aber standhafte Protestgruppe braucht, um Veränderungen durchzusetzen, hat bei ihrer weltweiten Untersuchung von Protestbewegungen im Zeitraum 1900–2006 noch etwas anderes herausgefunden: Friedlicher ziviler Ungehorsam ist nicht nur eine moralische Option des Protestes. Im Vergleich zu gewalttätigen Kampagnen ist die Wahrscheinlichkeit zweimal so hoch, dass der Protest seine Ziele erreicht. Eine Bewegung wurde in ihrer Studie als erfolgreich eingestuft, wenn sie innerhalb eines Jahres ein direktes Ergebnis, wie etwa den Sturz eines Diktators, erbrachte.

Die dritte Lektion: Vorsicht bei Übergangslösungen, in denen das Militär als Retter der Nation auftritt, und bei Wahlen, die zu früh angesetzt werden. Blickt man auf den Fall Ägypten 2011, wirkt es heute naiv, dass die dortigen Tahrir-Aktivisten nach dem Sturz Mubaraks mit dem Slogan „Das Volk und das Militär sind ein und dieselbe Hand" die Einheit von Protestbewegung und Armee beschworen und dann widerstandslos zusahen, wie der Oberste Militärrat die Geschicke im Nilland übernahm. Ihr zweiter großer Fehler war, sich zu schnell auf Wahlen einzulassen, obwohl die verkrusteten Strukturen des „tiefen Staates" weiterhin existierten und noch keine einzige staatliche Institution und vor allem der Sicherheitsapparat und das Militär reformiert waren. So entstand eine Situation, in der es dem Obersten Militärrat überlassen blieb, den weiteren Fahrplan des Landes zu bestimmen, in einer Zeit, in der es nur zwei alteingesessene politische Strukturen im Land gab: die des alten Systems und die der islamistischen Muslimbruderschaft. Sich in dieser Situation auf schnelle Wahlen einzulassen, war für die jungen, unerfahrenen Tahrir-Aktivisten Ägyptens politischer Selbstmord. Der Wahlsieg konnte nur an das alte System oder an die Islamisten gehen. Da er an die Islamisten ging, übernahm das ägyptische Militär die Macht.

Die Lektion für die Algerier und Sudanesen ist klar: Übergangsperioden, die vom Militär organisiert werden, können sich als gefährliche Fallen erweisen. Das ist der Grund, warum die algerischen Demonstranten die ersten Wahlen nach dem Sturz Bouteflikas hinauszögern wollten. Und das ist auch der Grund, warum die Sudanesen durchgesetzt haben, erst nach einer zweijährigen Übergangsperiode erstmals zu wählen. Ihre Strategie ist offensichtlich: einerseits weiterhin genug Druck zu machen, damit das Militär sich langsam aus der Politik zurückzieht, und andererseits sich selbst genug Raum zu geben, um neue, zivile politische Strukturen aufzubauen. Bisher sind die Protestbewegungen von einer beeindruckenden Sturheit in ihrer Forderung nach radikalen und umfassenden Veränderungen und lassen sich nicht von kosmetischen Reformversprechen beeindrucken.

Die vierte Lektion: Um seine Forderungen zu formulieren, um einen langen Atem zu haben, aber vor allem, um eine Übergangsperiode auszuhandeln, braucht es irgendeine Form von politischer Organisation. Was zunächst als Stärke der arabischen Protestbewegungen erschien, dass sie spontan und unorganisiert und dadurch für die repressiven Sicherheitsapparate schwer greifbar waren, erwies sich am Ende als Schwäche.

In Algerien übernahmen Bürgerinitiativen, Frauen- und Menschenrechtsorganisationen, Oppositionsparteien und Studentengruppen die Rolle, den Aufstand in eine Organisationsform zu gießen, und schlossen sich in Gruppen der kollektiven Opposition zusammen, etwa als „Pakt für die demokratische Alternative“. Es ist der Versuch, ein Sprachrohr aufzubauen, das dann einen echten demokratischen Übergang aushandeln kann.

Die ursprünglich zersplitterte sudanesische Opposition hatte sich im Januar 2019 zu einer Koalition der „Forces for

Freedom and Change“ zusammengetan. Ein Zusammenschluss von Berufsverbänden von Ärzten, Ingenieuren, Lehrern, Anwälten und Journalisten spielte schließlich eine Schlüsselrolle beim Aushandeln des Machtteilungsabkommens.

Im Libanon, in dem alle Parteien Teil des konfessionellen Systems sind, das die Protestbewegung loswerden will, hat man aus dem sudanesischen Beispiel gelernt. Dort versucht die Protestbewegung durch Wahlen den Vorsitz in wichtigen Berufsverbänden zu erlangen, um sie als Instrument des Wandels nutzen zu können. Im November 2019 gewann Melhem Khalaf, ein prominentes Mitglied der Protestbewegung, mit großer Mehrheit den Vorsitz des einflussreichen Anwaltsverbandes. Als er als Sieger ausgerufen wurde, skandierten Hunderte Anwälte, die sich in der Anwaltskammer versammelt hatten, „Revolution, Revolution“. In seiner Siegesrede erklärte Khalaf: „Wir hoffen, dass mit diesem Tag die Demokratie innerhalb der libanesischen Institutionen erneuert wird.“

Sich selbst zu organisieren, bleibt aber für die neue Protestbewegung die größte Herausforderung in Ländern, in denen alle Institutionen, wie Parteien, Gewerkschaften oder Berufsverbände, bisher entweder vom Staat kooptiert oder von einem konfessionellen System vereinnahmt wurden.

Wer im Irak hinter der Organisation der Proteste steht, bleibt im Unklaren. Es gibt erste Strukturen wie die sogenannte „Nationale Zivilbewegung“, aber die stecken noch in den Kinderschuhen. Die iranhörigen Milizen zeigen natürlich reflexartig mit dem Finger auf die USA und beschreiben die Demonstranten gerne als Instrument, das die USA missbrauchen, um den iranischen Einfluss in der Region einzudämmen. Dass es auf dem Tahrir-Platz aber gleich mehrere Zelte gab, die von der viele Jahre im Untergrund agierenden kommunistischen Partei des Irak aufgestellt wurden, passt allerdings gar nicht ins Bild der Verteufelung der Demonstranten als Gehilfen Washingtons. Wahrscheinlich ist gerade die enorme Repression, die den Protesten entgegenschlägt, der Grund, warum Organisation und Strukturen dahinter geheim gehalten werden.

Die fünfte Lektion könnte vielleicht mit dem Titel „Vorsicht vor den Nachbarn" überschrieben werden. Das im dritten Kapitel dieses Buches beschriebene Triumvirat aus den Kronprinzen Saudi-Arabiens und der Arabischen Emirate und dem ägyptischen Präsidenten ist auch bei der Arabellion 2.0 am Werk, mit dem Ziel, alle Veränderungen in der Region, die ihnen am Ende selbst gefährlich werden könnten, zu verhindern und ihre Pax Autocratica zu verteidigen.

Der Sudan ist dafür ein gutes Beispiel. Keiner der drei Fürsten der Restauration hat ein Interesse daran, dass die jetzt ausgehandelte Übergangszeit tatsächlich mit dem Verschwinden des Militärs aus der Politik in einen demokratischen Staat mündet. Das wäre ein Konstrukt, das ihre Legitimität vor der eigenen Bevölkerung in Zweifel ziehen würde. Das ist einer der Gründe, warum die Saudis und die Emirate die Janjaweed-RSF-Milizen mitfinanzieren: Damit hoffen sie, ein willfähriges Instrument in den Händen zu haben, das sie im Sudan zum Einsatz bringen können, um eine Entwicklung hin zu einem demokratischen Staat zu sabotieren. Auch den ägyptischen Einfluss sieht die Protestbewegung mit Skepsis. Als sie bei den Verhandlungen um das Machtteilungsabkommen nach einem Vermittler suchten, wandten sie sich nicht an die Ägypter und El-Sisi, der wohl den größten Einfluss auf die sudanesischen Militärs hat, sondern klopften bei einem anderen Nachbarn an und baten den äthiopischen Ministerpräsidenten Abiy Ahmed um Unterstützung, unter dessen Vermittlung das Abkommen schließlich von allen Seiten unterzeichnet wurde.

Für die Libanesen und Iraker bedeutet die Warnung vor den Nachbarn eher, sich aus der Schlinge des iranischen und in geringerem Maße saudischen Einflusses zu befreien. Hier wird die Gegenbewegung zu ihren Protesten vor allem vom Iran gesteuert, in Form der Hisbollah im Libanon und der schiitischen Parteien und Milizen im Irak. Sie sind die stärksten Protagonisten für den Erhalt des Status quo und sie sind diejenigen, die am meisten von der Weiterführung des konfessionellen Systems profitieren.

Auch Autokraten lernen

Natürlich haben auch die arabischen Autokraten dazugelernt. Sie wissen, dass sie, egal wie brutal sie gegen ihre eigene Bevölkerung vorgehen, keinerlei ernsthaften internationalen Gegenwind erwarten müssen. Sie haben gelernt, wie sie Medien gleichschalten und die Sozialen Medien nicht nur überwachen, sondern auch benutzen können, um bei jedem Veränderungsdiskurs Zweifel zu säen. Sie haben gelernt, keinerlei politischen Raum zuzulassen, in dem sich Dissens organisieren kann, und wissen, wie sie sich gegenseitig in der Pax Autocratica unterstützen können, um in der Region alle Funken zu löschen, die ein Feuer in ihrem eigenen Land auslösen könnten. Ihre Pax Autocratica ist für jede Protestbewegung in der Region eine der größten Herausforderungen.

Und wenn dann tatsächlich ein Aufstand ausbricht, haben sie gelernt, ihn einfach auszusitzen und zu hoffen, dass ihren Gegnern die Luft ausgeht, dass im Chaos, den Aufstände ohne Zweifel produzieren, die Sehnsucht nach der alten Normalität wieder überhandnimmt. Und wenn das alles nicht klappt, können sie immer noch hoffen, dass sich ihre Gegner, wie einst die syrische Opposition, militarisieren und sich angesichts allmächtiger arabischer Sicherheitsapparate damit den Todesstoß geben.

Aber all das ändert nichts daran, dass sich die Autokraten in der Defensive befinden. Sie alle leben in einem Zustand, in dem sie jeden Tag die Unsicherheit ihrer Macht spüren. Je mehr sie die repressiven Schrauben anziehen, desto mehr Menschen entfremden sich dem System und suchen nach einem Raum, ihren Ärger loszuwerden. Das ist die Essenz der autokratischen Unsicherheit.

Die entscheidende Frage wird nun sein: Wer lernt schneller – die Repression oder die Rebellion?

I can't breathe: Ein arabischer Ausblick in der Corona-Krise

Mitten in der Covid-19-Pandemie, in Zeiten, in denen die ganze Welt aus den Fugen zu geraten scheint, ist es schwer, einen Ausblick zu unternehmen. Das gilt ganz besonders für den Nahen Osten, der sich bereits zuvor mitten in einem Prozess des Wandels befand. Die Auseinandersetzung zwischen Protestbewegungen, die massiv die alte Ordnung hinterfragten, und den Vertretern der überkommenen Systeme wurde jäh durch den Ausbruch der Pandemie unterbrochen.

Zu diesem Zeitpunkt wissen wir noch nicht, wann diese Krise endet, und damit ist es auch unmöglich, Aussagen darüber zu treffen, welche Ausmaße sie am Ende haben wird. Aber sicher ist, dass die Welt danach eine andere sein wird, ganz besonders im Nahen Osten, in dem Veränderungen überreif sind.

Was aber bedeutet das konkret für die arabische Welt, ihre Ökonomie, ihre fragilen politischen Systeme und die vielen Menschen dort, die schon lange vor George Floyds Hilferuf „I can't breathe" das Gefühl hatten, dass ihnen nicht nur wegen Ungleichheit und Repression, sondern auch aufgrund der wirtschaftlichen Lage die Luft ausgeht? Und doch haben die letzten arabischen Protestbewegungen gleichzeitig bewiesen, dass sie einen langen Atem haben. Das ist einer der Widersprüche der Region. Gerade wenn einem die Luft ausgeht, muss man einen langen Atem beweisen.

Zwei Dinge lassen sich aber mit Sicherheit sagen: Das Virus hat den Autokraten, um beim Bild zu bleiben, eine kurze Atempause verschafft. Die meisten arabischen Protestbewegungen fuhren im März 2020 ihre Aktivitäten herunter. Das Virus zwang sie zurück in ihre Häuser. Und repressive Regime bekamen mit Covid-19-Trackingsystemen und anderen Apps neue technische Instrumente in die Hand, um ihre Bevölkerung noch besser zu kontrollieren. Die amerikanische Cybersecurity-Firma Lookout hat beispielsweise eine syrische App namens „Covid19“ untersucht, die vermeintlich ein digitales Thermometer war, um die Körpertemperatur zu messen, das aber kurioserweise immer 35 Grad angab. Die App war voller Spyware, die Zugang zu den Daten auf dem Handy und zu Mikrofon und Kamera der User ermöglichte. Die App soll das Werk der vom Regime finanzierten „Syrian Electronic Army“ sein.

Aber was langfristig wahrscheinlich wichtiger ist: Die unglaublichen Widersprüche und Ungleichheiten, in denen die arabische Welt bereits zuvor lebte und die in die Arabellion 2.0 mündeten, werden sich mit Sicherheit enorm verschärfen. Alle bereits bestehenden Risse im arabischen System werden noch größer werden. Die Pandemie hat die arabischen Länder in eine Wirtschaftskrise gestürzt, die die fragilen politischen Systeme noch mehr infrage stellen wird, als das bereits zuvor geschehen ist. Stellte die Arabellion 2.0 die soziale Frage in den Mittelpunkt und ging gegen Misswirtschaft, Korruption, Armut und Ungleichheit auf die Straße und gegen die diktatorischen und konfessionellen Systeme, die diese Tag für Tag reproduzierten, steht der arabischen Welt nun eine existenzielle Krise bevor, von der alle, selbst die ölreichen Golfstaaten, betroffen sein werden. Die intransparenten Regime, die ihre Bevölkerungen aus allen Entscheidungsprozessen ausschließen und keinerlei Rechenschaft ablegen müssen, dürften sich als die denkbar schlechtesten Manager der Gesundheits- und Wirtschaftskrise erweisen.

Dabei tickt die Uhr für die Autokraten unermüdlich weiter: Denn das Dilemma, in dem sie leben und dem sie nicht entfliehen können, bleibt. Je härter die Hand ist, mit der sie regieren, umso mehr Ärger generieren sie und umso größere Teile ihrer eigenen Bevölkerung schließen sie aus. Das, zusammen mit ihrer Unfähigkeit, die brennende soziale Frage zu lösen und nun auch noch die aus Covid-19 entstandene Krise zu meistern, wird einmal mehr deutlich machen, dass die Pax Autocratica in der arabischen Welt ein Auslaufmodell ist.

Die Protestbewegungen nehmen andere Formen an

Doch zunächst mussten sich die Protestbewegungen mit Beginn der Pandemie zurückziehen oder wurden in den Lockdowns zur Eindämmung des Ausbruchs gezwungen, zu Hause zu bleiben. Wenngleich das nicht sofort geschah. Der erste Reflex der Protestbewegung war, ihre Position auf der Straße zu halten, besonders, wenn es darum ging, fest installierte und mühevoll erkämpfte Protestlager nicht aufzugeben. Noch Anfang März 2020 verblieben die Demonstranten auf dem Tahrir-Platz in Bagdad und passten ihre Slogans an. Ein in diesen Tagen immer wieder zu hörender war: „Unsere Regierung ist eine größere Epidemie als das Corona-Virus, deswegen demonstrieren wir weiter." Am 17. März verhängte die irakische Regierung dann eine ganztägige Ausgangssperre. Nur ein kleiner, harter Kern harrte danach noch auf dem Tahrir-Platz in den Zelten aus und verteidigte diesen gegen mehrere Versuche der Polizei, den Platz zu räumen. „Wir bleiben für euch auf dem Tahrir-Platz, bleibt ihr für uns zu Hause", hatten sie auf ihre Plakate geschrieben.

Die irakische Protestbewegung übernahm eine neue Aufgabe. „Die Menschen auf dem Tahrir organisieren Kampagnen auf den Sozialen Medien, um Bewusstsein zu schaffen, wie man sich vor dem Corona-Virus schützt. Sie arbeiten vor allem daran, den Menschen in den Armenvierteln beizubringen, wie sie saubermachen und alles desinfizieren", erzählte mir damals Schirouk Al-Abayachi, die Vorsitzende der Nationalen Zivilbewegung, einer der Gruppierungen der irakischen Zivilgesellschaft, die die Proteste im Irak koordinierten, am Telefon in Bagdad. Daneben versuchten sie mitzuhelfen, die wirtschaftlichen Folgen zu mildern. „Wegen der Ausgangssperre haben viele ihre Arbeit verloren, Straßenhändler, Taxifahrer und viele Tagelöhner in den Armenvierteln. Die Leute auf dem Tahrir haben begonnen, über die Sozialen Medien Sammlungen für deren Familien zu organisieren", beschrieb sie den neuen Aufgabenbereich. Und in einem war sich Schirouk sicher: „Die Menschen werden wieder massiv auf den Straßen demonstrieren, sobald diese Epidemie vorüber ist."

Im Libanon blieb die Protestbewegung zunächst wegen der Corona-Ausgangssperren ganz zu Hause. Viele Gruppierungen reorganisierten sich online und überlegten sich, welche Schritte sie als nächstes setzen könnten. „Die Bewegung lebt noch, aber sie nimmt eine andere Form an", schilderte mir im April 2020 Jad Chaaban, Wirtschaftsprofessor an der Amerikanischen Universität in Beirut und genauer Beobachter der Protestszene, am Telefon. Auch hier gab es vonseiten der Protestbewegung Versuche, Hilfslieferungen aufzustellen. „Das Problem ist, dass die Nöte viel größer sind als das, was solche Gruppierungen einzeln lindern können", erzählte Chaaban. „Wir sprechen hier von 750.000 Menschen, die direkt finanzielle Hilfe oder Nahrungsmittel brauchen. Das ist jenseits der Kapazität der Protestbewegung", fügte er hinzu.

Eine andere wichtige Rolle der Protestbewegung sah er darin, genau zu beobachten, was die Regierung tut, und den konfessionellen Parteien auf die Finger zu schauen, um sicherzustellen, dass die Hilfslieferungen fair verteilt werden. Denn zu Beginn der Krise folgten die konfessionellen Parteien einem alten Reflex und verteilten Nahrungsmittel und Hygieneartikel meist mit den Logos der Parteien an die notleidenden Familien und stellten Fotos ins Netz, um sicherzugehen, dass auch jeder wusste, woher die Hilfsgüter kamen. Als dann die staatlichen Maßnahmen begannen, die Auswirkungen der Krise zu lindern und einzelne Familien finanzielle Unterstützung erhielten, wurden ausgerechnet die von der jeweils vor Ort dominanten konfessionellen Partei kontrollierten Lokalverwaltungen damit beauftragt, die Familien in Notlagen zu identifizieren. Deren Priorität lag zunächst ganz libanesisch bei ihren eigenen Parteigängern. Damit wurde erneut das konfessionelle Klientelnetzwerk gestärkt. Selbst in der Corona-Krise konnte das libanesische konfessionelle System nicht über seinen Schatten springen.

Die ökonomische Verzweiflung, die die Corona-Krise hervorbrachte, wurde immer offensichtlicher. Auf den Sozialen Medien im Libanon kursierte ein Video von einem Straßenhändler in Beirut, den die Polizei wegen der Ausgangssperre gerade nach Hause schickte. Begleitet von herzzerreißenden Verzweiflungsschreien warf er das Obst von seinem Karren auf die Straße. In einem anderen Video war ein brennendes Taxi zu sehen. Der Fahrer hatte das Gefährt, mit dem er eigentlich den Lebensunterhalt seiner Familie bestreiten sollte, wegen des ausbleibenden Geschäfts angezündet. Wie groß muss das Gefühl der Aussichtslosigkeit sein, um zu einer solch irrationalen Tat getrieben zu werden?

Die sozialen Auswirkungen der Covid-19-Krise

In einem Bericht vom Juli 2020 schreibt die UN-Organisation UNESCWA, dass die Pandemie viele ohnehin in der Region vorhandenen Probleme verstärkt habe. Dazu gehörten „gewalttätige Konflikte, Ungleichheiten, Arbeitslosigkeit, Armut, schwache Sozialsysteme, die Nichtachtung von Menschenrechten und ineffektive Institutionen ...". Es werden Prognosen des Internationalen Währungsfonds IWF zitiert, laut denen die Ökonomien der Region im Durchschnitt um 5,7 Prozent schrumpfen werden, in einigen Konfliktländern sogar um bis zu 13 Prozent. Insgesamt werden dem Bericht zufolge in der gesamten Region Verluste von 152 Milliarden Dollar infolge der Pandemie und der niedrigen Ölpreise erwartet. Laut UNESCWA werden weitere 14,3 Millionen Menschen unter die Armutsgrenze stürzen. Die Internationale Arbeitsorganisation ILO schätzt, dass im zweiten Quartal 2020 weitere 17 Millionen Menschen ihre Jobs verlieren werden, wobei junge Menschen ein fünfmal so großes Risiko haben, arbeitslos zu werden. Je länger die Pandemie dauert, umso verheerender werden diese Zahlen ausfallen.

Betrachten wir einzelne Länder, wird die Katastrophe noch deutlicher. Ägypten hat traditionell vier Quellen, durch die Geld in das Land fließt, und die haben sich seit Jahrzehnten nicht verändert. Schon 1980 machten, nach damaligen Angaben der Zentralbank, Überweisungen von ägyptischen Arbeitern aus dem Ausland, die Gebühren aus dem Suezkanal, der Verkauf von Öl und die Einnahmen aus dem Tourismus zusammen 85 Prozent der Einnahmen des Staates an harter Währung aus.

Die Einnahmequellen des Landes sind 40 Jahre später immer noch genau die gleichen. Die gescheiterte Entwicklung Ägyptens lässt sich kaum besser beschreiben. In all den Jahren wurde kein nennenswerter Industrie- oder Dienstleistungssektor aufgebaut. Es ist eine Nicht-Entwicklung, die sich auch durch den Vergleich zweier Länder skizzieren lässt. 1960 hatten Ägypten und Südkorea das gleiche Bruttosozialprodukt. Heute ist Südkorea die zwölftstärkste Ökonomie der Welt, Ägypten befindet sich auf Rang 50.

Nun sind es genau die vier immer gleich gebliebenen Geldquellen, die Ägypten in der Covid-19-Krise zum Verhängnis werden und die das Nilland besonders verwundbar machen. Einschränkungen bei internationalen Reisen haben die ägyptische Tourismusindustrie vollkommen in die Knie gezwungen, die Einnahmen aus dem Suezkanal sind aufgrund des geringeren Handelsvolumens, das der globalen Wirtschaftskrise geschuldet ist, ebenso zurückgegangen wie die Überweisungen von ägyptischen Arbeitern aus dem Ausland, die 2019 immerhin neun Prozent des gesamten Bruttosozialproduktes ausgemacht hatten. Entweder konnten die Arbeiter nicht mehr in ihre Arbeitsländer reisen oder sie haben dort ihre Arbeit verloren.

Nach einer Studie des International Food Policy Research Institute IFPRI vom März 2020 verlor Ägypten mit der Covid-19-Krise wegen des Ausfalls im Tourismus jeden Monat bis zu 1,3 Milliarden Dollar. Bereits im März ging man davon aus, dass sich der Tourismus mindestens bis Ende des Jahres 2020 nicht mehr erholen wird. Wie hoch die Verluste bei den Auslandsüberweisungen sein werden, ist zu Redaktionsschluss dieses Buches noch nicht absehbar. Aber vor allem dieser Posten wird unmittelbare Auswirkungen auf die Einkünfte von Millionen ägyptischer Haushalte haben. Das Wegfallen von Zahlungen von Ägyptern aus dem Ausland wirkt sich vor allem auf die ärmeren Haushalte aus. Das trifft die ägyptische Wirtschaft gleich doppelt. Die Ägypter überweisen nicht mehr, weil sie ihre Arbeit vor allem in den Golfstaaten verloren haben, und sie kehren zurück auf den ägyptischen Arbeitsmarkt.

Ende Juni veröffentlichte das ägyptische Statistikamt dann absolut alarmierende Zahlen über die Auswirkungen der Covid-19-Krise auf die Haushalte im Nilland. Sechs von zehn arbeitenden Ägyptern gaben bei Befragungen des Amtes an, dass sich ihr beruflicher Status geändert habe, entweder, weil sie weniger arbeiten, oder weil sie ihren Job ganz verloren haben. 74 Prozent gaben an, weniger zu verdienen.

Das Statistikamt untersuchte auch, wie die Familien versuchen, durch die Krise zu kommen, indem sie sparen oder Wertgegenstände verkaufen. Die Hälfte der Familien gab an, dass sie sich wegen der Krise von anderen Geld leihen müsse. Eine Überlebensstrategie, die schnell an ihre Grenzen stoßen wird. Außerdem erfasste das Statistikamt einen Rückgang beim Konsum von Fleisch, Geflügel und Fisch. Dagegen ging der Verbrauch an Reis, Hülsenfrüchten und Getreide nach oben. Ein untrügliches Zeichen, dass die Ägypter begonnen haben, beim Lebensnotwendigsten, ihren Nahrungsmitteln, zu sparen.

Das bedeutet zwangsweise, dass sich die letzten Zahlen von 2019, laut denen ein Drittel der Ägypter unter der Armutsgrenze lebte, erhöhen werden. Niemand kann im Moment abschätzen, wie viele Menschen wie tief fallen werden.

Es sind vor allem die Tagelöhner, die keinerlei Rücklagen haben, um auch nur mehrwöchige Arbeitsausfälle auszugleichen, die mit der Corona-Krise ins Elend stürzen. Die ägyptische Regierung hat zwar versucht, zu Beginn der Covid-19-Krise die Arbeiter im informellen Sektor zu registrieren und sie mit einmaligen Geldzahlungen von umgerechnet ungefähr 80 Euro für die ersten drei Monate der Krise über Wasser zu halten. Aber der Staat selbst verfügt über keinerlei Datenbanken, die den informellen Sektor erfassen. Er weiß praktisch nichts über sie, nicht, wo sie leben und arbeiten, und nicht, unter welchen Umständen. Für die staatlichen Auszahlungen sollten sich nun die informellen Tagelöhner, viele von ihnen Analphabeten, online registrieren. Der Wirtschaftsjournalist Timothy Kaldas vom Tahrir Institute for Middle East Policy schätzte im Juni 2020, dass maximal zehn Prozent der informellen Arbeiter auf diese Weise erreicht werden. Die meisten wüssten noch nicht einmal, dass sie Anspruch auf Hilfe haben.

Es ist klar, dass die Corona-Krise von Marokko bis zum Irak vor allem die Bevölkerungen der Länder ohne Ölreichtum und finanzielle Reserven vor existenzielle Krisen stellen wird. Politisch am brisantesten wird nun wohl sein, nicht nur das Überleben der schon zuvor in Armut lebenden Araber und Araberinnen zu sichern, sondern auch das der verbliebenen Mittelklasse, die abstürzt.

Erinnern wir uns an die UNESCWA-Studie „Arab Multidimensional Poverty Report 2017“, die im fünften Kapitel erwähnt wird. Sie hat die „mehrdimensionale Armut“ in zehn bevölkerungsreichen arabischen Ländern, ausgenommen die ölreichen Golfstaaten, untersucht. In diesen zehn Ländern leben 75 Prozent der arabischen Gesamtbevölkerung, ein Viertel davon schon damals unter der Armutsgrenze. Weitere 41 Prozent standen in Gefahr, bei Veränderungen wie Jobverlust oder Preissteigerungen sofort in die Armut abzurutschen. Die Covid-19-Krise ist eine

Schockwelle, die dazu führt, dass sich ebendiese Parameter, Jobverlust und Preissteigerungen, stark verschieben. Wie viel mehr Menschen durch die Krise in der Region in Armut stürzen werden, wissen wir noch nicht. Aber wir können sicher sein, dass die Verschiebung in Richtung Armut massiv sein wird und dass der Mehrheit der Araber und Araberinnen damit eine existenzielle Herausforderung bevorsteht. Das Unruhepotenzial, das damit einhergeht, wird sich enorm vergrößern.

Libanon: Eine Explosion entblößt den Staat als Totalausfall

Auch im Libanon führte die Covid-19-Krise dazu, dass ein bereits existierendes Desaster zu einer ausgewachsenen Katastrophe wurde. In einem Weltbank-Bericht wurde schon 2019 befürchtet, dass die Hälfte der Libanesen unter die Armutsgrenze fällt. Mit der neuen Krise, warnte Sozialminister Ramzi Musharrafieh, würden drei Viertel der Libanesen nicht mehr ohne finanzielle Unterstützung oder andere Arten von Hilfslieferungen über die Runden kommen. Die untereinander zerstrittene politische Elite erwies sich als unfähig, die Krise zu meistern. Sie arbeitete immer noch in den alten, überkommenen konfessionellen Schemen und war nicht bereit, das System oder sich selbst zu ändern. Sie versuchte sich durch den üblichen Kuhhandel untereinander durch die Krise zu schmuggeln.

Um fair zu sein: Das kleine Land hat keinerlei Reserven, auf das es zurückgreifen kann. Es war schon zuvor buchstäblich wirtschaftlich am Ende. War die Wirtschaft 2019 schon um vier Prozent geschrumpft, wurde für 2020 sogar ein zweistelliges Minus prognostiziert. Die Auswirkungen auf die Menschen waren und sind brutal. Schon vor der Krise hatten ein Viertel bis ein Drittel der Libanesen keine Arbeit mehr, so die Schätzungen. Mit Covid-19 hat sich das noch verschärft. Mit dem Verlust ihrer Arbeit und den steigenden Preisen wird erwartet, dass die libanesischen Haushalte mit der Corona-Krise im Schnitt die Hälfte ihrer Kaufkraft verlieren werden. Im Sommer 2020 tauchten auf Facebook vermehrt Seiten auf, auf denen Libanesen auch wegen ihrer fast täglich weiter abstürzenden Währung begannen, Waren zu tauschen. Nach dem Motto: „Ich habe ein paar schicke Frauenschuhe und brauche dringend Kinderkleidung." Es waren Meldungen auf den Chronikseiten libanesischer Zeitungen, die die Dramatik der Lage vielleicht am besten vermittelten. Am 3. Juni 2020 schoss sich der 61-jährige Ali Al-Hiq mitten auf der Beiruter Einkaufsstraße Hamra mit einer Pistole in den Kopf. Neben ihm auf dem Boden lagen eine libanesische Flagge, ein polizeiliches Führungszeugnis, das ihm Unbescholtenheit attestierte, und eine Abschiedsnotiz: „Nicht ich bin ein Ungläubiger, der Hunger ist der Ungläubige."

Der Libanon befand sich im freien Fall, und alles wartete, wie hart er aufschlagen wird. Dann kam es am 4. August 2020 zu einem Ereignis, das buchstäblich wie ein politischer Brandbeschleuniger im Libanon wirken wird. Im Hafen von Beirut war eine Explosion zu hören, gefolgt von einer Serie kleiner Knalle, ähnlich einem Feuerwerk. Viele Menschen gingen zu ihren Fenstern und Balkonen, um zu sehen, was passiert war. Manche zückten ihre Handys, um die Szene aufzunehmen. 30 Sekunden später folgte eine weitere, diesmal gigantische Detonation, die in Überschallgeschwindigkeit eine zerstörerische Druckwelle durch die Stadt schickte, die selbst im 200 Kilometer entfernten Zypern noch die Scheiben erzittern ließ. In Beirut war innerhalb weniger Sekunden nichts mehr wie zuvor. Das Zuhause und das Hab und Gut von 300.000 Menschen waren zerstört oder beschädigt. Die gemeldeten Todes- und Verletztenzahlen schossen stündlich in die Höhe. Noch Tage später wurden Vermisste in den Trümmern gesucht.

Schnell stellte sich heraus, dass es grobe Fahrlässigkeit war, die zu dieser Katastrophe geführt hatte. Im Hafen von Beirut waren 2750 Tonnen der hochexplosiven Chemikalie Ammoniumnitrat sechs Jahre lang vollkommen unsachgemäß gelagert worden. Man wusste in den Amtsstuben von dieser Zeitbombe, aber die Hafenbehörden, der Zoll und die Gerichte schoben sich die Papiere gegenseitig hin und her. Passiert war in all den Jahren nichts, bis die schlimmsten Befürchtungen wahr wurden.

Doch damit hörte das Scheitern des Staates nicht auf. Er erwies sich einmal mehr als Totalausfall. Es gab kein zentrales Krisenmanagement, nicht einmal zentrale Vermisstenlisten. In den Tagen nach der Explosion waren die Menschen auf sich selbst gestellt, und es war herzzerreißend, ihre Geschichten zu hören, wie sie von Krankenhaus zu Krankenhaus zogen, um ihre vermissten Angehörigen zu finden, oder am Hafen, dem abgesperrten Tatort, am Eingang warteten, in der Hoffnung, doch durchgelassen zu werden, um unter den Trümmern selbst nach den Vermissten zu suchen.

Die Menschen trauten dem Staat auf keiner Ebene. Kaum jemand glaubte, dass die Behörden die Ursache der Explosion ernsthaft untersuchen würden. Die Libanesen hatten einfach schon zu viele Vertuschungen erlebt. Es ist eine kollektive libanesische Erfahrung, dass staatliche Stellen im Libanon selten zur Rechenschaft gezogen werden. Das Misstrauen ging sogar so weit, dass viele Libanesen forderten, dass die internationalen Hilfsgelder, die bereitgestellt wurden, nicht über libanesische staatliche Stellen kanalisiert werden sollten. Sie fürchteten, auch hier wieder bestohlen zu werden.

Die Menschen steckten in einem Dilemma. Sie wussten, dass nur ein funktionierender Staat ihre Stadt Beirut wieder auf die Beine stellen konnte. Aber sie wussten auch, dass die Probleme, unter denen sie litten, nicht von der gleichen korrupten politischen Elite gelöst werden können, die diese Probleme erst geschaffen hatte. Die Explosion und ihre Folgen waren ein Kulminationspunkt für alles, was im Libanon falsch lief.

Jedes Buch hat einen Abgabetermin, und gerade wenn es, wie das vorliegende, laufende Prozesse beschreibt, liegt dieser immer ungünstig. In diesem Fall hängt fast noch der Staub der Explosion in Beirut in der Luft. Die genauen Umstände, die zu dieser Explosion geführt haben, sind noch nicht geklärt. Die Libanesen haben gerade erst begonnen, sich die wirtschaftlichen und sozialen Folgen dieser Katastrophe auszumalen. Nur eines zeichnet sich bereits ab: Die Trauer der Libanesen wird sich schnell in Wut verwandeln. Die ersten Demonstrationen haben schon begonnen. In Beirut gehen die Menschen wieder auf die Barrikaden. Man muss kein Prophet sein, um vorauszusehen, dass dem großen Knall von Beirut große politische und soziale Erschütterungen folgen werden.

Die Libanesen haben den Ruf, unbegrenzt belastbar zu sein und jede Krise zu meistern. In 15 Jahren Bürgerkrieg hatten sie nie aufgehört, ihr Leben zu genießen. Berühmt sind die Geschichten, wie sie damals Bunker in Bars und Nachtclubs verwandelten. Sie haben Kriege mit Israel und die Zerstörung ihrer Infrastruktur erlebt, sie haben pro Kopf mehr syrische Flüchtlinge aufgenommen als jedes andere Land der Welt. Selbst der wirtschaftliche Kollaps und das Corona-Virus zwangen sie nicht völlig in die Knie. Die Explosion von Beirut ist der letzte große Test für den Mythos der libanesischen Unverwüstlichkeit. Die Frage wird sein: Wer erweist sich als widerstandsfähiger – die Libanesen oder ihr politisches konfessionelles System und seine korrupten Eliten?

Der wirtschaftliche Doppelschlag am Golf: Covid-19 und Ölpreisverfall

Die ölreichen Golfstaaten waren mit der Covid-19-Krise einem Doppelschlag ausgesetzt. Auch ihre Ökonomien litten unter Lockdowns und unter den schrumpfenden Wirtschaften ihrer globalen Handelspartner. Aber dazu kam eine Ölpreiskrise, die schon vor dem Ausbruch der Pandemie begonnen hatte und vor allem mit einer weltweiten Überproduktion zu tun hatte. Auf dem langen Weg, sich von der Abhängigkeit vom Öl zu entwöhnen, muss die Region nun eine brutale Abkürzung nehmen. Das muss geradezu zu Unruhen führen.

Saudi-Arabiens Problem lässt sich schlicht in der Differenz zweier Zahlen ausdrücken. Für einen ausgeglichenen Haushalt braucht das Land laut Schätzungen des Internationalen Währungsfonds einen Ölpreis von 76 Dollar pro Barrel. Der lag in der ersten Hälfte des Jahres 2020 aber mit ungefähr 30 Dollar bei weniger als der Hälfte. Und damit nicht genug. Selbst um diesen niedrigen Preis zu halten, musste Saudi-Arabien das Angebot an schwarzem Gold auf dem Weltmarkt verringern und schraubte seine Ölproduktion auf den niedrigsten Stand seit 18 Jahren zurück. Damit hat sich der Ölpreis ein wenig erholt, es bleibt jedoch ein dramatisch wachsendes Haushaltsdefizit.

Das war der Grund, warum der saudische Finanzminister Muhammad Al-Jadaan im Mai 2020 die Notbremse zog. Eine Mehrwertsteuer, die überhaupt erst zwei Jahre zuvor erstmals eingeführt worden war, wurde von 5 auf 15 Prozent verdreifacht. Unterstützungszahlungen für Militärangehörige und Staatsbedienstete wurden gestrichen, große Infrastrukturprojekte wurden auf Eis gelegt.

Nun ist Saudi-Arabien wirtschaftlich nicht leicht aus der Bahn zu werfen. Immerhin hat es einen Staatsfonds, der rund 300 Milliarden Euro schwer ist. Dennoch macht die Krise dem Land zu schaffen. Der Internationale Währungsfonds erwartete für 2020 einen Rückgang der saudischen Wirtschaftsleistung um 2,3 Prozent.

Da ging an den neuen Sparmaßnahmen kein Weg vorbei, die auch die von Kronprinz Muhammad Bin Salman verkündete „Vision 2030" betrafen, mit denen er sein Land durch große Infrastrukturmaßnahmen vom Öl unabhängiger machen und gesellschaftlich öffnen wollte. Ein Herzstück dieser Vision ist die futuristische Mega-Glitzerstadt Neom, die für 500 Milliarden Dollar am Roten Meer aus dem Wüstensand gestampft werden und Touristen und internationale Investitionen anziehen sollte. All diese Brötchen mussten jetzt kleiner gebacken werden. Da biss sich die Katze in den Schwanz: Wenn der Ölpreis zusammenbricht, hat man kein Geld mehr, um eine Wirtschaft aufzubauen, die vom Öl unabhängiger ist.

Es gibt noch etwas anderes, das den Herrschern in Saudi-Arabien mit dieser Wirtschaftskrise schlaflose Nächte bereiten dürfte. Etwas, das in ähnlichem Maße auch die anderen Öl- und Gasökonomien am Golf trifft. Denn in all diesen Ländern gibt es einen ungeschriebenen Gesellschaftsvertrag, der lautet: Ihr Untertanen habt keinerlei politisches Mitspracherecht. Im Gegenzug geben wir Herrscher uns gönnerhaft und machen den Staat zum Rundumversorger. Saudische Kinder konnten etwa auf Staatskosten im Ausland studieren, Saudis konnten sich mit staatlichen Beihilfen im Ausland medizinisch behandeln lassen, sie bekamen Zuschüsse für den Bau ihrer Häuser und zinsfreie Kredite. Steuern waren vor der Einführung einer Mehrwertsteuer 2018 praktisch ein Fremdwort für saudische Untertanen. Um in den Genuss all dieser Wohltaten zu kommen, müssen sie eigentlich nur eine einzige staatliche Pflicht erfüllen: Sie dürfen die politische Legitimität ihrer Herrscher nicht hinterfragen oder gar politische Rechte einfordern.

Es ist ein Gesellschaftsvertrag, der seit Jahrzehnten funktionierte und der das saudische Königshaus und die anderen Golf-Emire und -Könige selbst durch die turbulenten Zeiten der ersten Arabellion 2011 manövrierte. Doch nun knackt es im Gebälk dieses Gesellschaftsvertrages. Die angekündigte Verdreifachung der saudischen Mehrwertsteuer und das Ende der Zusatzzahlungen für Beamte waren erste Risse im System, die zeigten, dass die Herrscher am Golf auf Dauer ihren Teil dieses Gesellschaftsvertrages nicht mehr ohne Probleme erfüllen können. Die Einbahnstraße, über die Geld vom Staat an die Untertanen verteilt wird, ist nicht mehr finanzierbar. Spannend wird es sein zu beobachten, wie lange die Untertanen am Golf sich noch an ihren Teil der Abmachung halten werden.

In anderen arabischen Ländern werden Unruhen traditionell ausgelöst, wenn staatliche Subventionen für Brot oder Treibstoff gestrichen werden. Solche Streichungen hatten beispielsweise den erfolgreichen Aufstand gegen den Langzeitdiktator Omar Al-Baschir im Sudan ausgelöst. In den Golfstaaten könnten die Einführung von Steuern und das Ende des Gesellschaftsvertrages ein neues Unruhemotiv sein. Untertanen, die Steuern zahlen, fühlen sich möglicherweise eher ermutigt, als Bürger Fragen über die Art und Weise zu stellen, wie sie regiert werden. Oder, wie ein Slogan der Amerikanischen Revolution vor 250 Jahren schon lautete: „No taxation without representation" – „Keine Besteuerung ohne Repräsentation".

Das Ende der Scheckbuchpolitik

Die Golfstaaten spielen für den Rest der arabischen Welt in zweierlei Hinsicht eine wichtige Rolle: Ihre Ökonomien haben Millionen Menschen aus anderen Teilen der Region als Arbeitsmigranten absorbiert, die dann mit ihren Überweisungen an ihre Familien zu Hause diese Länder über Wasser gehalten haben. Außerdem haben die Golfstaaten ihren ärmeren Nachbarn immer wieder mit gigantischen Hilfszahlungen ausgeholfen, die an keinerlei Bedingungen ökonomischer Reform gebunden waren, sondern allein politische Loyalität schaffen sollten. Und sie stellten auch einen großen Teil der direkten ausländischen Investitionen in der arabischen Welt. Man kann sagen, die Golfstaaten waren der „reiche arabische Onkel" der Region.

Aber für die Zukunft der arabischen Protestbewegungen wird etwas anderes noch viel wichtiger sein: die Frage, ob die Golfstaaten ihre Pax Autocratica in der Region finanziell noch aufrechterhalten können. Sie waren die größten Finanziers der „Konterrevolution" und der Restauration nach 2011, wie in diesem Buch im dritten Kapitel beschrieben. Nun werden sie aus Geldmangel zunehmend Schwierigkeiten bekommen, sich Einfluss in der Region zu erkaufen. Ihre traditionelle Scheckbuchpolitik lässt sich nicht mehr finanzieren.

Nehmen wir beispielsweise die Herrscher der Vereinigten Arabischen Emirate. Deren finanzielle Hilfen an andere Staaten in der Region sind nicht zufälligerweise 2013 rapide um 375 Prozent gestiegen. Ägypten hatte damals 80 Prozent dieser Gelder bekommen – um die Machtübernahme des Militärs zu stützen. Auch an andere Länder wie Libyen, den Jemen oder den Sudan floss Geld von Saudi-Arabien und den Emiraten, um dort politische Gruppen oder Milizen finanziell zu unterstützen, die den Status quo verteidigen sollten.

Auch Katars Einfluss wird schwinden. Das Land ist im Kaufen von Einfluss in der Region der arabische Gegenspieler Saudi-Arabiens und der Emirate. Katar hat versucht, vor allem über die finanzielle Unterstützung der Muslimbruderschaft in Ägypten oder in Libyen Einfluss in der Region zu gewinnen. Die Zeiten, als Katar nach dem Sturz Mubaraks acht Milliarden Dollar nach Ägypten schicken konnte, um damals den als Präsident gewählten Muslimbruder Muhammad Mursi zu unterstützen, sind vorbei.

Das gilt übrigens auch für den großen Rivalen Saudi-Arabiens in der Region, den Iran. Denn es ist nicht nur der Tod seines Regionalstrategen General Qassem Soleimani nach einem US-Drohnenangriff, der dem Iran zu schaffen macht. Auch Teheran geht mit der Covid-19-Krise das Geld aus. Die verschiedenen Führer der schiitischen Milizen im Irak, Irans wichtigstem Instrument, um in seinem arabischen Nachbarland Einfluss auszuüben, waren enttäuscht, als sie bei einem ersten Treffen mit Soleimanis Nachfolger in Bagdad, dem wesentlich weniger charismatischen Esmail Ghaani, statt der üblichen Cash-Auszahlungen nur – für die Schiiten aber symbolisch wichtige – Silberringe bekamen. Ghaani erklärte ihnen, dass sie sich im Moment mit den Zahlungen der irakischen Zentralregierung begnügen müssten. Im irakischen Staatsbudget 2019 waren für die Milizen immerhin zwei Milliarden Dollar veranschlagt. Wie viel Geld aus dem Iran an die schiitischen Milizen im Irak, an die Hisbollah im Libanon oder zur Unterstützung des syrischen Regimes Baschar Al-Assad in Damaskus geflossen ist, ist eine der großen unbekannten Größen in der Region. Aber ohne Unterstützung aus Teheran würde wahrscheinlich kaum einer von ihnen in der jetzigen Form überleben.

So stellt sich im Wesentlichen in der Rivalität der Regionalmächte mit der Covid-19-Krise zunächst einmal eine wichtige Frage: Wem geht zuerst das Geld aus, dem Iran oder Saudi-Arabien? Für die Region könnte die Krise damit auch etwas Positives einläuten. Wenn die Stellvertreter nicht mehr bezahlt werden können, dann gibt es auch keine Stellvertreterkriege mehr. Wie sich diese Zahlungsunfähigkeit der Konflikt-Finanziers auswirkt, werden wir zuallererst im Jemen und in Libyen erleben und vielleicht auch in Syrien, wo das Assad-System von innen her implodieren könnte.

Es gibt aber auch die gegenteilige Gefahr, nicht der Stellvertreter-, sondern der direkten Kriege. Ein Klassiker: Wer von der eigenen Bevölkerung infrage gestellt wird und unter Druck steht, der könnte sich der Verlockung hingeben, mit einem militärischen Konflikt davon abzulenken, dass er unfähig ist, die existenziellen Probleme seiner Bevölkerung zu lösen. Das ist ein Festhalten an der Macht, koste es, was es wolle. Mögliche Auslöser gibt es zahllose, von regionalen Rivalitäten bis hin zu Kriegen um Wasserrechte.

Europa und sein turbulenter Nachbar

Bleibt die Frage, wie sich Europa gegenüber der turbulenten Zukunft seiner unmittelbaren arabischen Nachbarn verhalten wird. Der erste Reflex aufgrund der wirtschaftlichen Auswirkungen der Pandemie in Europa wird sein, sich auf sich selbst zurückzuziehen, um seine eigenen Krisen zu lösen. Der Ruf, sich von seinen Nachbarn abzuschotten, könnte noch lauter werden. Aber wir wissen auch, dass Europa und die arabische Welt in einer Art Schicksalsgemeinschaft miteinander verbunden sind. Krisen und soziale Unruhen in der arabischen Nachbarschaft führen zu Fluchtbewegungen nach Europa. Sollte ein Teil der Araber weiterhin militante islamistische Lösungen für ihre missliche Lage suchen, wird das fast automatisch auch zu einem Sicherheitsproblem für Europa führen.

Wie wird sich Europa also verhalten, wenn die arabischen Bevölkerungen die Legitimität ihrer Autokraten und politischen Systeme noch stärker infrage stellen, als das schon in den letzten zehn Jahren geschah? Können sich die arabischen Autokraten weiter darauf verlassen, dass Europa sie nicht dabei stört, wenn deren Repressionsapparate versuchen, jeglichen Dissens auszulöschen und alle Protestbewegungen niederzuschlagen? Wird Europa die Autokraten weiterhin als Garanten der Stabilität sehen, als Partner im Antiterrorkampf und als Flüchtlingsbremser, oder schwenkt es um und sieht die Despoten als die eigentliche Quelle einer arabischen Instabilität, die auch Europa bedroht? Wenn europäische Regierungen die arabischen Regime weiter unterstützen, ohne Fragen zu stellen, werden sie zu Mittätern, die eine alte Ordnung am Leben erhalten, die einfach nur im Weg steht und die weder Stabilität produziert noch die europäischen Interessen voranbringt.

Zwei Dinge könnten dazu führen, dass die arabischen Autokraten für europäische Regierungen an Attraktivität verlieren. In den letzten Jahren hat Europa trotz des Hochhaltens westlicher Werte, Menschenrechte und friedlicher

Konfliktlösungen Waffen um zig Milliarden Dollar an die Autokraten verkauft, mit denen Konflikte in der Region angefeuert wurden. Der Verkauf von französischen Waffen an die Region hat sich laut dem Stockholm International Peace Research Institute (SIPRI) in den letzten fünf Jahren im Vergleich zum gleichen Zeitraum zuvor mehr als verdreifacht. Die Hälfte aller französischen Waffenexporte ging in dieser Zeit in den Nahen Osten. In Deutschland war es immerhin ein Viertel aller exportierten Waffen. Die größten Importeure waren Saudi-Arabien, Ägypten, die Vereinigten Arabischen Emirate, der Irak und Katar. Diese Geschäfte dürften jetzt geringer werden, einfach, weil den nahöstlichen Käufern wegen der Covid-Krise und des Ölpreisverfalls das Geld ausgeht. Unter den großen Waffenfirmen macht man sich Sorgen, dass ihre Exporte sich auch „das Covid-19-Virus einfangen könnten". Den Golfautokraten fehlen auch die finanziellen Mittel für ihre Mega-Glitzer-Bauprojekte, und damit wird es auch weniger Aufträge für europäische Firmen geben.

Vieles wird im zukünftigen Verhältnis zwischen Europa und der arabischen Welt auch davon abhängen, wie sich Europa selbst politisch weiterentwickelt. Werden die dortigen Wirtschaftskrisen rechter Politik Auftrieb geben, die nach mehr Abschottung schreit? Oder werden wir Bewegungen erleben, die mit der Black-Lives-Matter-Kampagne in den USA ihren Anfang nahmen und die beginnen, über ihren eigenen europäischen Rassismus zu diskutieren und ihre koloniale Vergangenheit zu hinterfragen? Anfang Juni 2020 holten Anti-Rassismus-Demonstranten im englischen Bristol die Statue des Sklavenhändlers Edward Colston von ihrem Sockel, rollten sie durch die Stadt und versenkten sie unter Jubelschreien im Hafenbecken. In Belgien ging es wenige Tage darauf dem Standbild von König Leopold II. an seinem Ehrenplatz vor dem Königspalast in Brüssel ebenfalls an den Kragen – unter belgischer Kolonialverwaltung des Kongo war einst die halbe Bevölkerung des Landes ausgerottet worden. „Mörder“ hatten Demonstranten auf den Sockel der Statue gesprüht. Eine Gruppe stürmte die Statue, die kongolesische Flagge in der Hand. In der Geschichte ging der Sturz von Statuen fast immer mit einem radikalen Wandel einher.

Was hier beginnt, ist auch ein Kampf um europäische Werte, um Menschen- und Bürgerrechte, republikanische Verfassungen und Rechtsstaatlichkeit, die eben nicht nur für weiße Europäer gelten, sondern universell angewendet werden sollen. Da folgt fast automatisch die nächste Forderung, dass die Werte auch von den eigenen Regierungen im Verhältnis zum Rest der Welt hochgehalten werden sollen. Es gibt kaum eine andere Region der Welt, in der die Kluft zwischen diesen europäischen Werten und der Realpolitik mehr auseinanderklafft als im europäischen Verhältnis zur arabischen Welt.

Die Zeichen in der Nahost-Region stehen auf Sturm

Mit den Golfstaaten und dem Iran, deren Rolle als finanzielle Unterstützer des Status quo mit Sicherheit durch die Krise zurückgeschraubt wird, und der Verschärfung der sozialen und wirtschaftlichen Lebensbedingungen für eine Mehrheit der Bevölkerung in der arabischen Welt steht der Region zweifellos eine weitere Runde von Aufständen bevor. Die Frage ist nur: wann und wo? Am unhaltbarsten ist die Lage im Libanon, aber auch die Iraker und die Algerier werden fortsetzen, was sie 2019 mit ihrer Arabellion

2.0 begonnen haben. Auch in Ländern wie Ägypten ist der Status quo mit der Covid-19-Krise noch weniger nachhaltig geworden. Ebenso ist es unwahrscheinlich, dass die Palästinenser unter der Dreifachbelastung von Covid-19-Krise, den ausbleibenden Geldern aus dem Golf und der israelischen Besatzung und Annektierung ruhig bleiben werden. Selbst in den Golfstaaten wird es mit den gebrochenen Gesellschaftsverträgen in der Bevölkerung rumoren.

Der US-Politologe Francis Fukuyama, der in den 1990er Jahren mit seinem Buch „Das Ende der Geschichte" Furore machte, versuchte in einem Artikel im Magazin „Foreign Affairs" im Juni 2020 einen Ausblick zu geben, wie sich die Pandemie auf die politischen Systeme weltweit auswirken wird. Er definiert für politische Systeme drei Faktoren, die dazu führen können, dass die Krise relativ erfolgreich verwaltet wird: Handlungsfähigkeit der staatlichen Institutionen, soziales Vertrauen, also auch das Vertrauen zwischen den Bürgern und ihrem Staat, und Führungskraft. Staaten, die alle diese drei Faktoren vorweisen können, werden es schaffen, sich einigermaßen durch die Pandemie und die daraus folgende wirtschaftliche Krise zu manövrieren, schreibt er. Im Umkehrschluss bedeutet das, dass dysfunktionale Staaten mit polarisierten Gesellschaften und schwacher Führungskraft die Krise nur schwer überstehen werden. Zweiteres ist eine Beschreibung, die auf einen Gutteil der arabischen Welt zutrifft. Der Nahe Osten ist eine Ansammlung gescheiterter Staaten und ungelöster Krisen. Alle dortigen politischen Systeme stehen jetzt, mit den Auswirkungen der Covid-19-Krise, auf noch tönerneren Füßen.

Es ist eine Zeit, die viele Fragen aufwirft, ohne dass wir im Moment die Antworten kennen. Eines ist dabei aber sicher: Mit dieser Krise wird das arabische Dreigespann Armut, Ungleichheit und Machtlosigkeit die Region in noch mehr Leid und Verzweiflung stürzen. Eine fragile Region wird noch explosiver. Waren die letzten zehn Jahre nach der ersten Arabellion eine turbulente Zeit, werden die nächsten Jahre in der Region stürmisch werden. Vor allem die jüngere Generation wird den Status quo nicht mehr widerstandslos hinnehmen. Der Wettlauf zwischen arabischer Repression und arabischer Rebellion wird weitergehen, brutal und leidenschaftlich, rücksichtslos und stur. Die einen haben ihre Macht, die anderen fast nichts mehr zu verlieren.

Danksagung

Ich möchte mich bei allen bedanken, die an der Schaffung dieses Buches mitgewirkt haben. Allen voran bei Barbara Köszegi, die viel mehr ist als eine ausgezeichnete Lektorin. Uns eint eine inzwischen über fünf Bücher hinausgehende lange Freundschaft. Und glauben Sie mir, da lernt man seine eigenen Höhen und Tiefen und die des anderen kennen. Und wie immer wäre die Idee dieses Buches ohne sie weder entstanden, noch wäre es jemals geschrieben worden. Wir arbeiten inzwischen auf kurzen, schnellen Zuruf miteinander und beide Seiten verstehen sofort, was gemeint ist. Wir sind einfach ein unbeschreiblich gutes Team.

Aber natürlich waren an der Entstehung des Buches viele gute Geister beteiligt. Da ist Usama Naguib, der mir geholfen hat, viele Einzelheiten dieses Buches zu recherchieren, Mahmud Tawfik, mein Fernsehproduzent, dessen organisatorische Arbeit und dessen Ideen unsichtbar hinter vielen Geschichten in diesem Buch stecken, und natürlich mein stetiger Weggefährte, ORF-Kameramann Ayman Atef, der mich mit seiner Bärenruhe in den letzten Jahren durch manch brenzlige Situation auf unseren Reisen gebracht hat.

Und dann sind da noch die vielen lokalen Helfer, beispielsweise der ziemlich einzigartige Mahmoud Shaker, der Mann, der in Bagdad und im Irak so ziemlich alles möglich macht, oder Zeinab Salih in Khartum, eine bemerkenswerte Journalisten-Kollegin. Beide haben mit ihrem exzellenten journalistischen Gespür dem aus Kairo vorbeikommenden

Korrespondenten gute Geschichten auf dem Silbertablett präsentiert.

Bleibt noch meine Familie, mein Vater Magdi, mein allzeit größter Kritiker, der immer für einen analytischen Rat gut ist, meine weise Frau Nagwa, die sich immer geduldig meine Ideen zum Buch angehört und sie mit mir dann ausführlich diskutiert hat, und meine Kinder, die die immer wiederkehrende, im Manuskript versunkene geistige Abwesenheit ihres Vaters einmal mehr vollkommen gelassen ertrugen.